Ilse Bähnerts süßes Sachsen

Impressum

© SAXO'Phon GmbH
Ostra-Allee 20 · 01067 Dresden

Autoren: Tom Pauls | Mario Süßenguth
Grafische Gestaltung: Thomas Walther, BBK
Satz, Bildbearbeitung: www.oe-grafik.de
Lektorat: Dr. Evelyn Badaljan
Druck: Druckhaus Dresden GmbH
Fotos: Jörg Lange DIE BILDERMANUFAKTUR
Titel, S. 5, 7, 29, 39, 49, 51, 83, 97, 105, 113, 127;
Fotolia.com S. 8 (© HPW), 30 (© Kristina Rütten),
40 (© Kurt Flügel), 50 (© Sibylle Mohn),
106 (© Ronald Hertzschuch); Mario Süßenguth S. 84;
Ö Grafik S. 98, 114, 128; Olaf Hais, PR-Foto S. 136 o.;
Swantje Gerbert S. 136 u.

Die Gedichte von Lene Voigt sind, dank freundlicher Genehmigung
der Connewitzer Verlagsbuchhandlung Peter Hinke Leipzig, dem
Werk »Lene Voigts Kochbuch« entnommen.
www.lene-voigt-gesellschaft.de und www.cvb.de

Alle Rechte vorbehalten
1. Auflage · Dezember 2012

Das Werk einschließlich aller seiner Teile ist urheberrechtlich geschützt. Jede Verwertung außerhalb der engen Grenzen des Urheber-
rechtsgesetzes ist ohne Zustimmung unzulässig und strafbar. Das gilt
insbesondere für Vervielfältigungen, Übersetzungen, Mikroverfil-
mungen und die Einspeicherung und Verarbeitung in elektronischen
Systemen.

ISBN 978-3-943444-02-5

Tom Pauls und Mario Süßenguth

Ilse Bähnerts
süßes Sachsen

Kuriose Geschichten
über Kaffee, Kuchen und Likör

edition Sächsische Zeitung

Inhaltsverzeichnis

Sächsische Naschkatzen 9

Wir Kaffeesachsen und
unsere Kuchen 31

Süße Vögelchen 41

Ein Dresdner in aller Munde 51

Im schönsten Milchladen
der Welt 85

Unser täglich Russisch Brot
gib uns heute 99

Wer hat's erfunden?
Die Sachsen! 107

Meißner Fummel und Toffel
aus Pflaumen 115

Ilses Eierlikör 129

Ei, wie sind wir Sachsen süße! 6

Gaffee fließt duch meine Adern! 28

Da singt und klingt die Seele 38

Meine Striezel für den Rest dor Welt 48

Offm Rummelplatz! 82

Dor Russe im Schrank! 96

Anno Domino 104

Friede, Freude, Pflaumenkuchen 112

Was dor Bauer nicht kennt 126

Ei, wie sind wir Sachsen süße!

So selbstverständlich, wie andere sonntags in de Kirche gehen, wallfahre ich am siebenten Tag dor Woche in mein geliebtes Café Toscana! Schon das Schaufenster is eene Versuchung, der keen normaler Mensch widerstehen kann! Dort ne Dorte, da een Dörtchen, hier e Liebesknochen, darüber Schillerlocken und drunter Plunderstückchen! Und in dor Glasvitrine drinne im Toscana: Da läuft das Wasser in dor Gusche zusammen! Gezuckerte Krapfen, glitzernde Spritzringe, buttergelbe Streuselschnecken, schokoladige Schweinsohren, märchenhafter Schneewittchenkuchen, politisch unkorrekte Negerküsse, offgeplusterte Windbeutel, schnittige Donauwellen, schneeweiße Kipferl, außerdem Frankfurter Kränze, Berliner, Amerikaner, Quarktaschen, Nusshörnchen und Bienenstich! Da hält mich keen Fußleiden dor Welt dorheeme, wenn ich an die Köstlickeiten denke! Wann verschreibt das endlich de Krankenkasse off Rezept? Ich fordere hiermit de Weißkittel aller Länder off: Sächs'sche Kuchen statt Krankenschein!

Jedenfalls in meinem Kaffeehaus an dor berühmten Brücke Blaues Wunder verschnabuliere ich am liebsten zu meinem frisch gebrühten

Ilse quarkt rein

Bohnengaffee eene frische Holländerschnitte (denn Eierschecke mache ich ja selber dorheeme, die kann sowieso keener besser als ich!) Holländerschnitte öffentlich zu verspeisen, ist wie eene Schlacht – ich gegen die Sünde aus Sahne! Und das ist mein süßer Gegner: Obendroff eene Blätterteigplatte mit Zuckerglasur, ooch Blätterteig in dor Mitte und ganz unten, und dadorzwischen befindet sich Zentimeter für Zentimeter pures weißes Glück, Schlagsahne, Kirschen, Marmelade, Kirschwasser. Halten Se mich fest, ich sterbe vor Glück! Bislang habe ich übrigens jeden noch so wilden Kampf gegen de Holländerschnitte siegreich beendet! Allerdings mit erheblichen Konditoralschäden off dor Hüfte!

Gloom Se mir! Wer uns Sachsen wirklich verstehen will, der muss sich unser feines Naschwerk off dor Zunge zergehen lassen, ganz genüsslich, wie e geditschtes Stückel Prasselkuchen! Mmh, das tut dor Seele gut! Und meine selbst gemachte Eierschecke, dorheeme, ganz frisch offm Ofenblech: Das ist een halber Quadratmeter leckerfetzsche Heimat! Lassen Se sich's schmecken!

Kapitel I

Sächsische Naschkatzen

Zwischen Vogtland und Lausitz haust ein Volk der Schlemmer. Inmitten dieses süßen Schlaraffenlandes kommen die Könige, Fürsten, Dichter, Denker kaum an einer Zuckerei vorbei. Milchreis mit Zimt mundet dem Monarchen. Ein weltberühmter Literat vergöttert den Kuchen seiner Dresdner Kindheit. Ein barocker Held liebt Frauen ebenso wie kandierte Früchtchen, und ein genialer Komponist ersinnt eine Hymne auf die köstliche Lebensart seiner Heimat.

Dem Butterbrief sei Dank

Ausgerechnet einem Papst des späten Mittelalters verdanken die Sachsen ihren süßen Ruf. Die gewichtige, ebenso gefürchtete wie ersehnte Unterschrift des Heiligen Vaters in Rom war nötig. Erst danach durfte weit nördlich der Alpen die Butter zur wichtigsten und köstlichen Zutat eines Fastengebäcks werden, des Christstollens. Bis weit ins fünfzehnte Jahrhundert hinein hatte Rom die Bewohner des wettinischen Herrschaftsgebietes zu ekelerregendem Rübenöl verdammt, das »nur stinkend« sei und »mancherlei Krankheit« hervorrufe, wie sich selbst die Fürsten beschwerten.

Bis zur kulinarischen Gnade des fernen Kirchenoberhauptes hatten die Menschen in Sachsen in der strengen Fastenzeit des Advents somit nur ein äußerst fades, schlimmstenfalls ranzig schmeckendes Brot zubereiten dürfen, das Tisch und Tafel möglicherweise nicht einmal zierte – geschweige, dass es den Gaumen erfreute. Es war ein trockener Striezel, noch Unendlichkeiten von jenem köstlichen Kuchen entfernt, der zum süßen, aus Mehl, Milch und Zucker, Butter, Rosinen und etlichen anderen Zutaten und exotischen Gewürzen gebackenen »idealisierten Weißbrot« wird, wie die Österreicher den Christstollen einst wenig kenntnisreich nannten.

Die Butter brachte die ersehnte Wende in der frühen sächsischen Fastenküche. Der Kirche wiederum bescherte der sogenannte Butterbrief zusätzliche finanzielle Einnahmen. Denn auf das Buttergebäck musste in der Fastenzeit ein extra Obolus entrichtet werden. Damit reparierten die Bischöfe ihre großen Gotteshäuser wie etwa den Dom zu Freiberg oder die Kreuzkirche in Dresden, die beim Stadtbrand am 15. Juni 1491 zerstört worden war.

Kuchenland Sachsen

Die nun immer besser mundenden Stollen und Kuchen, mit Butter und Milch gebacken statt mit reinem Wasser, ließen Kinder, Frauen und Männer, Lakaien, Bürger, Fürsten und Könige, Dichter und Denker über die Zeit hinweg zu wahren Schleckermäulern werden. Mit dem vorweihnachtlichen Gebäck begann, was der Süße in diesem Teil Deutschlands in all ihrer Vielfalt zum Durchbruch verhalf. Sachsen gehört zu jenen Regionen mit den meisten Kuchenrezepten überhaupt. Warum? Die Hofkonditoren und Hofköche der Fürsten ließen sich von den Böhmen und von den Österreichern und deren Mehlspeisen inspirieren. Auch nach Frankreich im Westen und Russland im Osten hielten die Sachsen ihre Ohren offen. Der Fernhandel verschaffte den Bürgern und Adligen Zugang zu exotischen Gewürzen wie Zimt und Vanille sowie Genussmitteln wie Kaffee oder Kakao, besonders nach Ende des Dreißigjährigen Krieges.

Köstlichkeiten von Adel

Der sächsische Kurfürst Friedrich August I. (1670 bis 1733), als August II. ab 1697 auch König von Polen, mochte am liebsten schweren Tokajer und Zuckerkonfekt, zum Beispiel kandierte Pistazien, was alles in allem seine Diabeteserkrankung verschlimmerte. Der Monarch naschte dennoch ungezügelt, beispielsweise Marzipan, zubereitet aus Mandeln, Pistazien, Zitronenschale, Zitronat, Muskatblüten, Rosenwasser und Zucker. Marzipan gehörte um 1700 zu den beliebten süßen Rezepturen der Herrschaftstafeln. Allein für die Feierlichkeiten zur Krönung Augusts des Starken 1697 in Krakau ließ der Potentat neben Massen an Torten und Kuchen auch »50 Pfund Marzipankonfekt« heranschaffen: für sich und für die getreuen Königs-Wähler, denen der Dresdner damit erfolgreich ums Maul ging.

Des Königs barocker Zeitgenosse Johann Sebastian Bach (1685 bis 1750) komponierte auf den gut gezuckerten Kaffee seine berühmte Hymne, die Kaffeekantate, in der es mit den Worten des Dichters Christian Friedrich Henrici, genannt Picander, heißt:

> *Ei! wie schmeckt der Coffee süße,*
> *Lieblicher als tausend Küsse,*
> *Milder als Muskatenwein.*
> *Coffee, Coffee muß ich haben,*
> *Und wenn jemand mich will laben,*
> *Ach, so schenkt mir Coffee ein!*

Bachs Kantate gilt als der Höhepunkt sächsischer
Kaffeehausmusik im 18. Jahrhundert. Anregungen
dazu holte sich der Genius bei seinen mit zwei
Mal pro Woche sehr regelmäßigen Besuchen des
Zimmermannschen Kaffeehauses in der Leipziger
Katharinenstraße.

Reichsgräfin Anna Constantia von Cosel
(1680 bis 1765) becircte als bildhübsche und kluge
Mätresse Augusts des Starken den König und seine
Getreuen mit selbst hergestellten gebackenen
Zibeben, für die Constantia große kernlose,
getrocknete Weinbeeren auf ein Holzstäbchen
steckte, dieses durch einen süßen flüssigen Teig
mit Weißwein und Safranfäden zog und hernach
in heißes Olivenöl tauchte.

> *Eene Bohne*
> *Manche Velker, 's is ne Sinde,*
> *Drinken Gaffee dick wie Dinde.*
> *Eene Bohne schon geniegt,*
> *Dass sich's Sachsenherz vergniegt.*
> Edwin Bormann, 1899

Fürst Hermann Pückler aus Muskau, dort im Jahre
1785 geboren, erlangte zu Lebzeiten Ruhm als
Schriftsteller und Landschaftsgestalter. Unsterbliche
kulinarische Ehren erwies dem eigenwilligen Blau-
blut unterdessen ein Konditor aus der Lausitz mit dem
schlichten Namen Schulz. Geschäftüchtig ersann
der Gaumen-Spezialist statt des Allerweltsbegriffs
»Schulz-Eis« den Coup, mit dem Rezept einen

Großen zu ehren. Schulz fragte also voller Ehrfurcht den ebenso populären wie exzentrischen Fürsten um Erlaubnis, die Kreation auf dessen Namen taufen zu dürfen. Der Adelsmann sagte Ja, der Nachwelt zur Freude. Bis heute lieben Süßmäuler das Fürst-Pückler-Eis, eine dreischichtige Wucht aus Schokoladen-, Erdbeer- und Vanilleeis. Vor seinem Tod 1871 ließ der Genussmensch weitere kulinarische Taufen zu: für Pückler-Torte, Pückler-Schinken und für die Pückler-Kartoffel.

Mit Zimt und Zucker

Sachsens so gemütvoller letzter König, Friedrich August III. (1865 bis 1932), der schlussendlich andere den Dreck alleene machen ließ, verging sich in Mußestunden liebend gern an Milchreis mit Zimt und Zucker, was des Königs Volkstümlichkeit noch stärkte.

Eine der vielen über den Dresdner überlieferten Anekdoten berichtet von einem Ausflug nach Bärnsdorf im Jahr 1908. Dort ließ sich Majestät erst beim ansässigen Barbier rasieren. Dessen Hand zitterte so, dass er dem Monarchen vor Aufregung plötzlich in die Wange schnitt. Der König murmelte auf Sächsisch: »Das kommt vom Saufen.« Worauf der verwirrte oder einfach nur schlagfertige Friseur entgegnete: »Jawohl, Majestät, davon wird die Haut so spreede (spröde).«

Als der König aus Dresden anschließend noch ins Gasthaus ging, kam auch der Dorfwirt in Verlegenheit, der mit so hohem Besuch an diesem Tage nicht gerechnet hatte. Die Vorräte reichten nur für Milchreis – damit jedoch traf der Gastronom unerwartet genau den Geschmack des berühmten Dresdners.

Das königliche Originalrezept aus dem Jahr 1908: Zu einem halben Pfund Reis gehört ein Liter Milch. Der Reis wird überwällt. Man lässt ein Stückchen Butter in einem dicken Topf zergehen, wodurch der Reis nicht so leicht anbrennt, schüttet die Milch hinein und lässt sie zum Kochen kommen. Dann gibt man dem Reis ein Stückchen guten Zimt und etwas Zitronenschale zu, lässt ihn gar, aber nicht zu weich und zu dick kochen. Später fügt man ein wenig Salz hinzu und richtet den Reis in einer halb tiefen Schüssel an. Friedrich August streute sich noch Zucker und Zimt darüber und belegte das Ganze mit Kirschen, Pflaumen und Aprikosen.

Auf den Schriftsteller Erich Kästner (1899 bis 1974) soll die deutschlandweite Karriere der Dresdner Eierschecke zurückgehen, die er in seiner späteren Wahlheimat München so vermisste. Erst die traditionsreiche Dresdner Konditorei Kreutzkamm, nach dem Zweiten Weltkrieg in München ansässig, erfüllte dort Kästners Wunsch und machte zugleich die Eierschecke außerhalb Sachsens berühmt. Vielleicht lag die lebenslange Kuchenliebe dem Dichter auch in den Genen: Erich Kästners Vorfahren mütterlicherseits stammten aus Döbeln, wo sie vom 16. bis ins 19. Jahrhundert das Bäckerhandwerk betrieben.

De Bäbe

So manche Frau im Lande
bäckt Bäbe wunderbar.
Das schlingt Familchenbande
scheen fest von Jahr zu Jahr.

Naht ä Geburtsdach wieder
vom Onkel, Neffen, Mann,
dann macht sich brav und bieder
de Frau ans Einriehrn dran.

Da gibt's gee Gobbzerbrechen
um de Geschenkewahl.
Rosin' und Mandeln schbrechen
Glickwinsche ohne Zahl.

'ne echte sächs'sche Bäbe
Die is wie ä Gedicht.
Wenn's die mal nich mehr gäbe,
Das wäre ä Verzicht!

Lene Voigt

Schlemmer sind überall in Sachsen daheim

Seit dem päpstlichen Butterbrief nimmt die süße Schleckerei ungehindert ihren Lauf. Naschkatzen streunen bei den Messen in Leipzig, wo sich schon August der Starke die Besuche mit Kaffee, Schokolade und Tee versüßte, oder in den Residenzen von Torgau, wo es schon um 1457 Mandel- und Rosinenstollen gegeben haben soll, außerdem in Meißen, im Stollenörtchen Siebenlehn und natürlich in Dresden. »Wie nun überhaupt von einem deutschen Landstrich zum anderen in Sitten und Gewohnheiten die größte Verschiedenheit herrscht«, schreibt Karl Friedrich Freiherr von Rumohr (1785 bis 1843) in seinem hinreißenden Werk »Geist der Kochkunst«, das im Jahr 1822 erstmals erschien, »so ist auch die Schleckerei mit ihren eigentümlichen Gast- und Lust-Häusern bis jetzt nur in einigen Provinzen, vorzüglich aber in Obersachsen, recht eigentlich zu Hause.« Der gastrosophische Sonderling, geboren in Reinhardtsgrimma, starb später in Dresden über seinem Frühstück, hinterließ der Nachwelt aber zuvor noch eine bezaubernde, durchaus kritische Definition des Naschens: »Die Schleckerei ist eine unregelmäßige Begierde nach allerlei zufälligen Reizen des Gaumens; eine Bezahlung a conto an einen Magen, dem die landesüblichen Termine nicht mehr in vollen und hinreichenden Summen ein-gehalten werden.« Und noch eine schlichte und treffende Weisheit wird dem philosophierenden Feinschmecker zugeschrieben: »Der Mensch ist, was er isst.«

So gesehen scheint das Süße der Sachsen Wesen und Gemüt auszumachen. »Kaffeesachsen« heißen sie volkstümlich, die zu ihrem »Schälchen Heeßen« nur sehr selten einen frischen, duftenden Kuchen aus dem eigenen Land verschmähen würden.

Der sprichwörtliche Bliemchengaffee – dünn wie Wasser – gehörte zusammen mit Kartoffelgerichten (auch Kuchen wurde und wird daraus gebacken) zur Hauptnahrung, vor allem im 19. Jahrhundert in den ärmeren sächsischen Regionen wie Erzgebirge oder Vogtland.

Inzwischen, mit Beginn des 21. Jahrhunderts, vermarkten sogar die Tourismuswerber von Dresden bei ihren Reklamekampagnen in Fernost diese dort unbekannte Leidenschaft des Kuchenessens an der Kaffeetafel. Ob das sächsische Mundartwort »Einditschen« (für »in den Kaffee eintunken«) in aller Schönheit ins Chinesische übertragen werden kann, das bleibt abzuwarten. Abschauen und nachahmen kann das genüssliche Ditschen von Kuchen indes ein jeder – es ist kinderleicht.

Dass der Dresdner Molkereiunternehmer Paul Gustav Leander Pfund (1849 bis 1923) die Kondensmilch entwickelte, die für Genießer aus keinem modernen Kaffee mehr wegzudenken ist, und nebenbei in seiner Stadt den laut Guinnessbuch »Schönsten Milchladen der Welt« erbauen ließ, wen wundert das noch angesichts der kulinarischen Vorliebe dieses Menschenschlages.

Womöglich nach eingehender Beobachtung der sächsischen Gewohnheiten kam Johann Georg Krünitz in seiner berühmten Enzyklopädie um 1789 zu dem Schluss: »Die Franzosen essen ihren Kaffee, indem sie Semmeln darin einbrocken und das Ganze auslöffeln. In Schweden trinkt man drei Tassen Kaffee mit Milch und Zucker nach dem

Mittagsmahl. Die Holländer verbrauchen wenig Kaffee, bevorzugen aber dafür eine starke Brühung. Wenn Engländer Kaffee trinken, so nur am Morgen, mit einem Butterbrot. Die Deutschen aber vereinigen alle diese Gewohnheiten.«

Ist der sächsische Kaffee auch noch so schwach und dünn, dass selbst bei voller Tasse die handgemalten Blüten auf dem Boden des Meissener Porzellangeschirrs gut zu erkennen sind und somit der bereits erwähnte Blümchenkaffee in der Tasse schwabbert: Ordentlich temperiert und süß muss er sein. Welche ulkigen Widersinnigkeiten die sächsische Mundart in Bezug auf das Lieblingsgetränk bereithält, lässt sich kaum besser veranschaulichen als mit jener Anekdote Friedrich Augusts III. über frisch gebrühten Kaffee. »Dähr is aber heeß!«, erschrickt sich eines der Kinder. Der König entgegnet belehrend: »Das heißt nich heeß. Das heeßt hiß!«

Dann das Süße zum Mittag: Eierkuchen mit Marmelade oder aber Quarkkeulchen, mit weißem Zucker bestreut, das kennt jedes Kind, und Familienrezepte kursieren über Generationen. Frühestens am Abend eines Tages stellt der traditionsbewusste Sachse das Naschen ein, natürlich erst, wenn ein Stück Schokolade gegessen oder flüssiger Kakao aus einem stilvollen Koppchen getrunken wurde, wie es schon bei Jean-Etienne Liotards (1702 bis 1789) Schokoladenmädchen aus der Mitte des 18. Jahrhunderts meisterhaft abgebildet ist, das seither in Dresdens Galerie Alte Meister im Zwinger bewundert wird.

Süße Sachsen – von
Zeitzeugen kommentiert

Sachsen ist nach und nach, jedoch durchaus zielstrebig zum geheiligten Kuchenreich aufgegangen. Neben Prasselkuchen und Eierschecke haben die Kreationen so ulkige und teils recht legendäre Namen wie Bäbe, Bienenstich, Butterkuchen, Fummel, Hohlhippe, Kartoffelkuchen, Kleckselkuchen, Lebkuchen, Leipziger Strumpfsohlen, Marmorkuchen, Quarkkuchen, Streuselkuchen, Sandkuchen oder Bauerhase. Der sommerliche Clou sind Kuchen und Torten mit den saisonalen Früchten wie Erdbeeren, Holunder, Brombeeren, Heidelbeeren und Aprikosen.

Auf den Tafeln des Hochadels standen bereits im 16. Jahrhundert Torten und Süßspeisen, wie sie bis heute dem Namen nach zubereitet werden. Der Küchenzettel anlässlich der Vermählung des Kurfürsten Joachim von Brandenburg mit Prinzessin Magdalena von Sachsen am 6. November 1524 zu Dresden vermerkte, über die einzelnen Gänge verteilt: Torten von Quitten und Birnen, Apfelmus, Reis mit Milch, Mandeltorten mit Compott, heiße Kuchen mit Oblaten, Birnen in einer süßen Brühe, Pflaumenkuchen, Stachelbeerentorte, Weinmus und gebackene Äpfel.

Da ist es für Einheimische nur schwer zu verstehen, dass sich ein Reisender um 1784, als die typische sächsische Küche schon weit gediehen war, derart abfällig äußert: »Mit dem Essen und Trinken sieht es hier nicht so gut aus wie in Süddeutschland«, glaubt Johann Kaspar Riesbeck schriftlich festhalten zu müssen: »In diesem Punkt ist der Kontrast zwischen den Sachsen und den übrigen Deutschen, die ich bisher gesehen, so groß, dass man zu den Antipoden der letzteren gekommen zu sein glaubt. Die Brühen sind hier so dünne; man hat so oft kalte und immer so schmale Küche, dass ich glaube, ein Wiener könnte es hier in einem mittelmäßigen Haus nicht vier Wochen aushalten.« Tatsächlich stammte der Küchenkritiker aus der Donaumetropole, deren Bewohner freilich noch naschhafter scheinen als die Dresdner von der Elbe. Wer dagegen aus dem Norden in die sächsische Residenzstadt kam, wollte allen leiblichen Leiden zum Trotz das verführerische Süße probieren. »War auf der Brühlschen Terrasse und trank Schokolade«, notierte der dänische Schriftsteller Hans Christian Andersen am Freitag, dem 3. Juni 1831, in seinem Tagebuch: »Ich hatte schlimme Zahnschmerzen.« Und noch unter dem gleichen Datum probierte Andersen eine weitere süße Erfrischung: »Nachdem ich Limonade getrunken hatte, war ich im Kgl. Sächsischen Hoftheater, wo ich ›Die Königin von sechzehn Jahren‹ sah.«

Als eigenartiger Zeitgenosse wurde der russische Fürst Nikolaus Abramowitsch Putjatin (1749 bis 1830) in Dresden stadtbekannt. Wer die zeitgenössische Beschreibung Wilhelm von Kügelgens über den Mann liest, könnte fast glauben, der Russe habe neben einer offenkundig nutzlosen Zuckerhutsäge vor allem das Toast- oder Röstbrot in seinen Kreisen bekannt gemacht. Die Anekdote geht laut von Kügelgen jedenfalls so: Putjatin genoss sein Brot niemals »im primären Zustande, wie es der Bäcker liefert, sondern nur geröstet, in welcher Form er es auch in fremde Häuser mit sich führte, sogar an den Hof. Er hatte nämlich ermittelt, dass im rohen Zustand Brote, wie er es nannte, wenn auch nicht chemisch nachzuweisen, doch ein scharfer Giftstoff stecke, welcher die Skrofeln erzeuge (eine Hals-drüsengeschwulst) und nur durch Rösten zu paraly-sieren sei«. Mit Honig oder Konfitüre und Butter bestrichen, wird, wie wir heutzutage lange wissen, aus dem gerösteten Brot eine hervorragende Speise zum morgendlichen Kaffee.

Selbst Karl May, aus bitterster Armut kommend und während der Hohenstein-Ernstthaler Kindheit froh, überhaupt etwas essen zu können, entwickelte sich im Laufe seines Schriftsteller-Lebens zum an-spruchsvollen, wenn auch bescheidenen Genießer der süßen Küche. »Milchhirse« und »Sirup« vermerkt das Kostbuch aus dem Radebeuler Hause May in der Woche vom 5. bis 12. Februar 1906. Dort schrieb der Winnetou-Erfinder auch seine Ansprüche für ein Gebäck und Kompott nieder, so, wie er es mochte: »Für den Apfelkuchen ganz grobe Stifte von Äpfeln schneiden; kein warmes Backobst.« Dass er nicht nur mit seinen Indianer-Büchern nahezu genial schwindelte, sondern selbst beim Naschen schummelte, beweist die Überlieferung vom »wun-dersamen Spargelbeet«. Angeblich um seiner Frau die Wartezeit auf den erntefertigen Spargel zu

verkürzen, kaufte Karl May bereits gestochenen
Spargel im Laden und steckte ihn in seinem Garten
in die Erde, aus der die märchenhaft zügig gereiften
Stangen sogleich zur Überraschung aller anderen
Nachbarn herausgeholt und aufgetischt wurden.

Luthers süße Brötchen

Dass ausgerechnet ein Katholik aller-
höchsten Ranges mit seinem Buttererlass
den Sachsen die Süße schenkte, hat einem anderen
einflussreichen Christen weniger imponiert, wiewohl
er in späteren Tagen seines Lebens ein guter Esser
und kulinarischer Genießer war: Martin Luther
(1483 bis 1546). Als Augustinermönch noch getreu
seinem Orden und den römischen Regeln entsprechend darbend, schreibt er über sich: »Ich hätte
mich bei Zeiten zu todt gefaßet, denn oft nahm
ich an drei Tagen weder einen Tropfen noch ein
Krümchen Brod zu mir.« Noch keine dreißig Jahre
alt, bot Luther seinen Freunden das Bild eines
hageren, ausgemergelten Mannes, bei dem »man
in der Nähe alle Knochen am Leibe zählen kann«.
Erst als Luthers epochale Kirchen-Reformen Er-
folge zeigen und er 1525 die ehemalige Nimbsche-
ner Nonne Katharina von Bora zur Frau nimmt,
wird er ausgeglichener und genüsslicher. Butter-
stollen gab es wohl auch im Hause Luther, im
alten Schwarzen Kloster zu Wittenberg. Die Kir-
chenabgaben für Butter während der Adventszeit

mussten im Land der Reformation nicht mehr entrichtet werden.

Die Reformationsbrötchen freilich hat Luther nicht mehr erlebt. Erst als der Reformator immer stärker zum Kirchenhelden idealisiert wurde, widmeten fromme und geschäftstüchtige Protestanten dem christlichen Revolutionär nicht nur bronzene Denkmäler, sondern auch ein mild-süßes Rosinen-Gebäck, das in Mitteldeutschland in der Zeit um den 31. Oktober verkauft wird und in der Form an die Lutherrose, das Familienwappen des Reformators, erinnern soll. Dresdner backen das etwas größere Lutherbrot. In seiner einfachen Zubereitungsart hätte dem Genussmenschen das Reformationsbrötchen wohl gefallen. Aus einer von Martin Luthers legendären Tischreden: »Ich lob eyne reyne, gutte, gemeyne Hausspeis.«

Gotthold Ephraim Lessing (1729 bis 1781) mochte wie so viele vor und nach ihm den Christstollen. Sein Vater, Pfarrer in Kamenz, schickte dem Theaterdichter und Aufklärer das Festbrot nach Leipzig. Doch der lebenslustige Sohn aß es nicht, wie von den Eltern angenommen, im stillen Kämmerlein, sondern teilte den Stollen bei einem Gelage mit den Schauspielerinnen und Schauspielern der Bühnentruppe um die Theaterprinzipalin Friederike Caroline Neuber (1697 bis 1760), genannt die Neuberin.

Die sächsische Mundartdichterin Lene Voigt (1891 bis 1962) holte sich ihre Anregungen für Kuchen und Süßspeisen aus dem »Vereinfachten

Kochbuch der Prager Deutschen Kochschule«.
Ihr im Nachlass gefundenes Exemplar ist mit vielen
Anmerkungen, Korrekturen und Ergänzungen
gespickt – die Objekte einiger ihrer Volksgedichte
hat sie also selbst zubereitet.

Mei ärschter Abbelguchen

Alles muß ä Weib versuchen,
geene Mihe därf mer schein,
Drum buk ich ä Abbelguchen
in dr Giche ganz allein.

Mir zur Linken in ä Näbbchen
schnitt ich Abbelschtickchen rein,
riehrte in ä Millichdäbbchen
dann ä Häbbchen Hefe ein.

Budder, Zucker, Mähl un Eier
haut ich voller Schwung zusamm,
gam vor Freide ganz in Feier,
daß mer was zum Gaffee hamm.

Gosten daat ich wie besässen,
Un eh ich mirsch rächt versah,
Hatt'ch dn ganzen Deich gefrässen,
's warn bloss noch de Äbbel da.

Lene Voigt

Rezepte für kleine Leckereien

Reformationsbrötchen

Teig:
500 g Mehl, 1 Würfel Hefe,
2 EL Zucker, ¼ l Milch,
50 g Butter, 1 Prise Salz,
je 100 g gehackte Mandeln
und Korinthen, 1 TL ab-
geriebene Zitronenschale,
1 EL gehacktes Zitronat
Garnitur:
200 g Marmelade, Puderzucker

Zubereitung:
Mehl in eine Schüssel sieben,
in die Mitte eine Mulde drücken. Hefe mit Zucker und
8 EL lauwarmer Milch ver-
rührt hineingeben und dick
mit Mehl bestreuen. Übrige
Teigzutaten auf dem Mehl-
rand verteilen. Sobald das auf
die Hefe gestreute Mehl rissig
wird, von der Mitte aus alles
vermengen. Dabei die restli-
che Milch zufügen. Teig 1 bis
2 Stunden warm stellen, bis
er doppelt so hoch ist. Dann
gut durchkneten, ausrollen
und Vierecke von 12 x 12 cm
ausrädeln. Die Ecken zur
Mitte hin einschlagen, sodass
die Zipfel aneinanderstoßen.
In die Mitten je 1 EL Erd-
beermarmelade geben. Noch

20 Minuten gehen lassen.
Im vorgeheizten Backofen bei
220 Grad Celsius ca. 20 Minuten goldbraun backen.
Nach Belieben mit Puderzucker bestäuben oder glasieren.

Gebackene Zibeben à la Gräfin Cosel

Zutaten:
Große, kernlose Rosinen
(Zibeben), Mehl, 1 Ei, Weiß-
wein, Olivenöl, Puderzucker

Zubereitung:
Der Teig sollte zähflüssig geraten, angerichtet aus etwas
Mehl, einem Ei und einer
Tasse Weißwein. Die getrockneten Weinbeeren werden auf
dünne Holzstäbchen gespießt,
dann in den Teig getaucht und
in einer Pfanne mit heißem
Olivenöl ausgebacken. (nach
einem barocken Rezept der
Reichsgräfin Anna Constantia
von Cosel)

Brombeersauce

Zutaten:
500 g Brombeeren,
1 l Wasser, Zucker

Zubereitung:
Man verliest die Beeren,
wäscht sie und kocht sie mit
dem Wasser. Danach gießt
man den Saft durch ein
Haarsieb ab, kocht den nötigen
Zucker damit auf und gibt
die Sauce kalt oder warm zu
Tische. (nach »Lahmanns
Dresdner Kochbuch«)

Kirsch- oder Apfel-
pfannkuchen

Zutaten:
2 EL Mehl, 4 Eier,
1/4 l Milch, Salz, Zucker,
Zimt, Butter, 4 mittelgroße
Äpfel oder 400 g schwarze,
süße Kirschen

Zubereitung:
Man macht von Mehl, Eigelb
und der Milch einen Eierku-
chenteig, den man ganz wenig
salzt. Dann schält man die
Äpfel, schneidet sie in feine
Scheiben (oder steint die
Kirschen aus). Äpfel oder die
Kirschen mit dem Schnee
von vier Eiern in den Teig
geben. Nun lässt man Butter

in einer flachen Pfanne heiß
werden, gießt einen Schöpf-
löffel voll Teig hinein und
bäckt diesen auf beiden Seiten
schön braun. Beim Anrichten
streut man Zucker und Zimt
darüber. (nach »Lahmanns
Dresdner Kochbuch«)

Quarkkeulchen
ohne Kartoffeln

Zutaten:
500 g Quark, 150 g Mehl,
4 Eier, 2 Päckchen Vanille-
zucker, 100 g Rosinen,
Margarine
Garnitur:
Zucker, Zimt,
Kirschkompott oder
Apfelmus

Zubereitung:
Quark, Eigelb und Vanillezucker verrühren und vor-
sichtig das Mehl sowie den
geschlagenen Eischnee und
die Rosinen unterrühren.
Die Masse portionsweise in
einer Pfanne von beiden
Seiten in zerlassener Margarine
goldgelb braten und mit Zimt-
zucker oder Kirschkompott
servieren.

Gaffee fließt
durch meine Adern!

Mmhhh, dieser Duft! Ich mahle ihn ja manchmal immer noch mit dor Hand! Sonntags und an hohen Feiertagen! Die Knackebohnen frisch aus dor Koofhalle geholt, de Tüte offgerissen – und dann lass ich die kleen Duftperlen reinrieseln in die alte Mühle. Klappe zu – und nu immer im Kreise mit dor Leier, ratsch, ratsch, ratsch, bis ich den Schuber mit meinem braunen Pulver voll habe. Da tiriliert die Nase! Und dann erst das himmlische Aroma beim Brühen! Von dem Stöffchen sollten Se mal een Dässel mit mir trinken! Da hebts Ihnen kurz de Schädeldecke hoch vor Freude, so gut is das! Nischt mit wässriger Lorke, dünner Plörre und Blümchengaffee! In so eenem selbstgemahlnen Bähnertschen Gaffee steckt die ganze Kraft dor zwee Herzen! Und eens davon trage ich ja bekanntlich off dor Zunge!

Dor Gaffee is für den echten Sachsen mehr als een ordinäres Offputschmittel! Gaffee is Lebenssaft! Durch meine Adern fließt er wie Blut! Gaffee is das Tröpfchen Trost in schweren Stunden! Gaffee is een Schlückel Seele zum Schlürfen. Und zum Ditschen natürlich!

Apropos Ditschen. Man machts nicht in dor Öffentlichkeit! Das gehört sich nicht vor Publikum,

Ilse quarkt rein

seinen Kuchen ins Geschirre
rein zu tunken! Mir Sachsen sind
ja nicht im Schweinsgalopp durch
die Kinderstube gedonnert! Im Kaffeehaus wird dor Kuchen fein mit dor
Gabel und dor Gaffee elegant mittels Dasse
zu sich genommen – so, wies uns beigebracht
wurde von dor adligen Großmutter.

Abor dorheeme, da lässt sich's de Ilse nicht
nehmen, das Ditschen! Für den Fall, dass Sie keen
Sachse sind, es spielt sich Folgendes ab: Eene
Scheibe vom Napfkuchen, also von dor Bäbe,
oder vom Prasselkuchen zwischen Daumen und
Zeigefinger, und dann hinein dodormit in den
heißen Göttertrank, bis sich die Krume richtsch
schön mit dem Bohnensaft vollgesogen hat! Da
brauchste keene Haftcreme mehr für die armen
Beißerchen! So eene geditschte Bäbe is weich
wie gute Butter im Sonnenschein! Ich lutsche
und nuckle an so eenem geditschten Backwerk,
als wär's de Mutterbrust. Himmlisch! Also, Gaffee
und Kuchen, die zwee süßen Sünden, die muss
dor liebe Gott an eenem besonders guten Tag
erschaffen haben, finden zumindest mir Sachsen.

Kapitel II

Wir Kaffeesachsen und unsere Kuchen

Fast jeder Landstrich hat seine kulinarischen Besonderheiten. Die Thüringer schwören auf Rostbratwurst und sonntags auf Klöße, die Böhmen können Semmelknödel besser als sonst wer auf der Welt. Die Hessen mögen Handkäs mit Musik. Aber wenn es um Kuchen und süßes Gebäck geht, haben wir Sachsen die Nase vorn. Die berühmtesten Kreationen heißen Eierschecke und Prasselkuchen.

Süße Sattmacher

Acht verschiedene Variationen der Eierschecke zählt der Dresdner Schriftsteller Heinz Knobloch (1926 bis 2003) in seinen Kindheitserinnerungen »Eierschecke« auf. Da gibt es die des Konditors mit einem Hefeteig. Eine aus der Dresdner Heide mit Rosinen und Zitronenschale. Die Leipziger Variante mit ein paar Mandeln. Die sparsame Schecke mit halbierten Zutaten. Eine ostsächsische Art mit Mürbeteig. Die schwere Eierschecke von 1898 mit 16 Eigelb, aber ohne Quark. Die verschollene Variante der Großmutter. Und noch eine andere Dresdner Variante mit trockenem Quark.

Sogar in den einst weiß-gelb lackierten Dresdner Straßenbahnen sah der Dichter als Kind die Farben des Kuchens und nannte das öffentliche Fortbewegungsmittel »Eierscheckenbahn«. Daran ist zu erkennen, dass der berühmte Teigkuchen mit seiner dicken Schicht aus Quark und Vanillepudding mehr ist als nur ein süßer Sattmacher. Die Eierschecke gehört in Dresden zum traditionellen Kaffeetisch und damit zur guten Lebensart. Die meisten Cafés, Bäckereien und Konditoreien halten ihre Art davon bereit – und wer sie mit überzeugter Miene und ohne belustigtes Schmunzeln mit dem sächsischen Wort »Eierschegge« verlangt, gilt schon fast als Ur-Dresdner, eine Bezeichnung, die sonst nur Dresdengeborenen in der zweiten oder dritten Generation vorbehalten bleibt. Schriftsteller Knobloch glaubt sogar eine Eierscheckengrenze zu kennen, die nördlich von Dresden auf der gedachten Linie Haldensleben, Doberlug-Kirchhain und Görlitz verläuft.

Zum Scheckiglachen

Zunächst einmal gibt die Eierschecke mit ihrem Namen ein kleines Rätsel auf. Der Duden vermerkt lediglich, dass Eierschecke »landschaftlich für eine Kuchensorte« stehe – und das wissen die Dresdner nun schon längst besser als jeder andere in Deutschland. Schecke, so vermuten es Sprachforscher, ist dem Begriff »scheckig« entlehnt, das wiederum ist entstanden aus dem spätmittelhochdeutschen »scheckeht«, wofür das altfranzösische »eschiec« Vorbild war. Der Begriff »Schach« verbirgt sich dahinter, womit scheckig wohl nichts anderes als »schachbrettartig« bedeutet. In Bezug auf die Eierschecke ergeben zumindest die Farbabstufungen zwischen Teigboden, Quarkschicht und dem goldgelben Eierschaumguss als Abschluss ein sanftes Farbmuster, wenn es auch kaum an ein Schachbrett erinnert. Vielleicht brachte aber auch die oft hell und dunkel gescheckte Oberfläche des Kuchens die Bezeichnung. Woher auch immer der Name rührt: Zum Scheckiglachen klingt er besonders in Kinderohren, und was sich so gut und heiter anhört, das muss einfach schmecken.

Der Landesinnungsverband Saxonia des Bäckerhandwerks Sachsen meint: »Die Besonderheit der Dresdner Eierschecke liegt in einer eierreichen lockeren Oberschicht (Eierscheckenmasse) in Verbindung mit der saftigen Quarkschicht auf einem Hefeteigboden. Es gibt kein vorgeschriebenes Rezept für Dresdner Eierschecke. Man kann die Quarkmasse mit Rosinen verfeinern oder durch das Aufstreuen von gehobelten Mandeln der Eierschecke eine besondere Note verleihen.«

Die Dresdner Besonderheit wird zudem durch eine Freiberger Erfindung bereichert, die Freiberger Eierschecke. Sie besticht durch ihre einfachen Zutaten und den besonderen Geschmack. Anders als Dresdner Eierschecke kommt die Freiberger völlig ohne Quark aus. Die Scheckenmasse wird millimeterdünn direkt über den Hefeteigboden gezogen. Eine schöne Geschichte verrät, warum die Freiberger Eierschecke ohne Quark gebacken wird. Ihr Entstehen geht auf eine Legende zurück, wonach die Freiberger Bürger in alten Zeiten auf ihre Eierschecke nicht verzichten wollten, obwohl sämtlich verfügbarer Quark als Rohstoff zum Bau der Stadtmauer benötigt wurde und demnach den Bäckern der Zunft nicht mehr zur Verfügung stand. Diese erfanden daraufhin diese eigenwillige Art der Eierschecke, die inzwischen weit über die Stadtgrenzen hinaus Bekanntheit erlangt hat. In Freiberger Bäckereien und Konditoreien wird die Schecke in einer handlichen runden oder eckigen Assiette angeboten, damit sie besser transportiert werden kann.

Prasslige Köstlichkeit

Der sächsische Prasselkuchen fällt zunächst ebenso wie die Eierschecke durch seinen kuriosen Namen auf. Die schmalen Streifen aus Blätterteig, beträufelt mit Streusel und Zuckerguss, gehören zu einer hiesigen Eigenart, die selten in Reiseführern vermerkt wird und dennoch Ruhm verdient wie Eierschecke oder Dresdner Stollen. Wer Prasselkuchen probiert hat, ahnt, woher dessen unverwechselbarer Name stammt: Es kracht, knistert und prasselt, wenn ein Stück abgebissen wird, aber niemals so laut, dass der Verzehr im Café zur öffentlichen Ruhestörung würde. Wer wie einst Erich Kästner einen traditionellen Dresdner Prasselkuchen versuchen möchte, der ist in der alten Bäckerei Rissmann auf der Königsbrücker Straße, direkt an der Straßenbahnhaltestelle Louisenstraße, richtig. Dort kaufte schon vor hundert Jahren der spätere Schriftsteller seinen geliebten Prasselkuchen.

Kästner verriet in seinen Erinnerungen »Als ich ein kleiner Junge war«, dass er schon als Schüler in Dresden, wenn er mit seiner Mutter unterwegs war, selten an einer Backstube vorbeikam, ohne dort zu schlemmen: »Auf dem Nachhauseweg gingen wir in eine Konditorei, wo ich mit Bienenstich, Prasselkuchen und heißer Schokolade traktiert wurde.« Kästner, 1899 auf der Königsbrücker Straße unweit der Bäckerei Rissmann als Sohn eines Sattlermeisters geboren, fügte in Klammern hinzu: »Wisst ihr, was Prasselkuchen ist? Nein? Ach, ihr Ärmsten!«

Kuchen selbst gebacken

Prasselkuchen

Zutaten:
Blätterteig: 250 g Mehl,
1 TL Salz, 10 EL Wasser,
2 EL Weinbrand oder Rum,
250 g Butter
Streusel: 250 g Mehl,
125 g Zucker,
125 g Margarine, Salz
Zitronenglasur:
Puderzucker, Zitronensaft

Zubereitung:
Das Mehl möglichst auf eine
kalte Marmorplatte sieben,
in eine Mulde in der Mitte
1 TL Salz geben, Wasser und
Weinbrand zugießen und mit
kalten Händen einen festen
Teig kneten, dabei 1 TL Butter unterarbeiten. Die Butter
zwischen zwei Bogen Butter-
papier zu einer rechteckigen
Platte ausrollen. Teig und
Butterplatte kalt stellen. Dann
den Teig auf bemehltem
Arbeitsplatz so ausrollen,
dass eine rechteckige, in der
Mitte etwas stärkere Platte
entsteht. Die Butter daraufle-
gen und den Teig von beiden
Seiten darüberschlagen. Für
ca. 20 Minuten kalt stellen,
wieder ausrollen, dann drei-
fach zusammenschlagen und
den Teig 30 Minuten kühlen.
(Anhaftendes Mehl bei den
einzelnen Arbeitsgängen ab-
stäuben, damit der Teig nicht
brüchig wird.) Nach zwei-
maliger Wiederholung dieser
Prozedur den Teig knapp
5 mm stark ausrollen und in
ca. 5 x 10 cm große Recht-
ecke schneiden, auf ein was-
serbenetztes Blech legen
und mit Wasser bestreichen.
Aus den Zutaten Streusel
kneten und auf den Blätter-
teigstücken verteilen. Bei
guter Mittelhitze etwa 25 Minuten backen und dann sofort
mit Zitronenglasur (aus Puderzucker und Zitronensaft)
überziehen.

Dresdner Eierschecke

Zutaten:
Eierscheckenmasse:
300 g Hefeteig, 700 g Quarkmasse, 300 g Milch, 30 g
Krempulver, 70 g Butter,
4 Eier, 55 g Zucker,
55 g Mehl, 25 g Mandelblättchen, Zitrone
Quarkmasse: 400 g Quark,
60 g Zucker, 20 g Krempulver,
150 g gekochter Vanille-
Pudding, 1 Ei, 20 g flüssige
Butter, Vanille- und Zitronen-
aroma

Zubereitung:

Hefeteig ausrollen und auf gefettetes Blech geben, abstippen. Die Quarkmasse daraufgeben und gleichmäßig ausstreichen (eventuell mit Sultaninen bestreuen). Aus Milch, Butter und dem Puddingpulver eine Krem kochen. Ca. 30 Minuten erkalten lassen. Die Eier trennen, das Eigelb unter den Pudding rühren, das Eiweiß mit dem Zucker schaumig schlagen. Das Mehl unter das Eigelb-Pudding-Gemisch rühren, das Eiweiß vorsichtig unterziehen. Masse auf den vorbereiteten Kuchen geben, glattstreichen, Mandelblättchen gleichmäßig darüberstreuen. Backtemperatur: Unterhitze 190 °C/Oberhitze 180 °C Backzeit: 50 bis 60 Minuten (nach einem Rezept des Landesinnungsverbandes Saxonia des Bäckerhandwerks Sachsen)

Ilses Geheimrezept für Eierschecke mit Schuss

Also, passt off: Ich kippe in die Quarkmasse, kurz bevor ich das Eiweiß unterziehe, noch eenen ordentlichen Hieb Eierlikör! Dann ab dadormit in die Röhre! Aber, Vorsicht! Das ist natürlich dann eene Schecke für Erwachsene! P 18! Oder höchstens mal een kleenes Stückel für den Jugendweihling! Aber nur eens! Meine Eierschecke mit Schuss kanns durchaus in sich haben, möglichst nicht im Dienst und nicht vor Antritt eener Autofahrt verschnabulieren!

Da singt und klingt die Seele

Mein Leipzsch lob ich mir, um es mal ganz gebildet mit dem Dichterfürsten Goethe zu sagen! Noch mehr aber lob ich mir meine Leipzscher Lerchen! Sowohl die draußen offem Feld bei Liebertwolkwitz als ooch die vom Konditor meines Vertrauens, im Café Grundmann in dor August-Bebel-Straße! Een Genuss!

Im alten Leipzscher Zentrum hab ich aber meine ganz besondere Erinnerung ans süße Vögelchen! Als junges Mädel in dor Messestadt, da waren mir die Blicke dor jungen Herren so sicher wie sonst was. Ich gehe also eenes schönen Frühlingstages offm Brühl spazieren, noch vor dor Zerstörung, als die ganze Pracht dor Weltstraße der Pelze noch zu sehen war! Da strolcht mir eener hinterher: heller Anzug, weißes Hemde, Krawatte, lackierte Schuhe. Eigentlich sah der ganz bomforzionös aus in seinem Zwirn. Aber mir war een bissel mulmig zumute. Also verdrücke ich mich in eene Nebenstraße, gehe zweemal links und eenmal rechts und noch een paar Gassen – und da stehe ich vorm Lokal »Zum Arabischen Coffe Baum«. Ich schlüpfe rein und bestelle mir e Dässel Bohnenkaffee, denn hier ham schließlich schon August dor Starke, Johann Sebastian Bach und Lessing ihren Morschengaffee geschlabbert. Und dadorzu ordere ich eene frische Leipzscher Lerche! Dor Kellner bringt mir das Ge-

Ilse quarkt rein

wünschte. Dann vertiefe ich
mich in den Genuss der süßen
Köstlichkeit, das Marzipan lässt
meine junge Seele klingen. Ich fühle
mich wie Siebzehn, was ich damals ja
ooch wirklich war! Nach eenem vergnüglichen
halben Stündchen fordere ich die Rechnung – und,
oh Wunder: Dor Kellner flüstert mir diskret zu, ein
junger Mann im Anzug hätte bereits meine Aus-
stände beglichen! Da pochte mei Herze, als hätte
ich nich nur eene Dasse, sondern fünfe von dem
starken Bohnengesöff ausm Coffe-Baum intus!
Ich, de kleene, unschuldsche Ilse – eingeladen von
em geheimnisvollen Fremden! Sie glohm nich,
wie mir die Knie geschlottert ham, als ich mich
offn Weg nach Hause gemacht habe!

Ich bin dann eene ganze Woche lang den gleichen Weg geloofen: Brühl, die Seitenstraßen und
Nebengassen, hin zum Coffe Baum. Dort habe ich
immer das gleiche Gespann bestellt, Bohnenkaffee
und Leipzscher Lerche. Jedes Mal köstlich! Aber bezahlen musste ich's immer selber! Mein unbekannter
Casanova tauchte nie mehr off. De Leipzscher Messe
war justament an dem Tag zu Ende gegangen, als
mir dor Verehrer das erste und letzte Mal meine
Lerche spendierte!

Kapitel III

Süße Vögelchen

Es geht auch ohne Fleisch und Blut! Seit dem Verbot von 1876, Lerchen zu fangen und zu verspeisen, backen die Leipziger ihre legendäre Köstlichkeit aus Mehl und Marzipan. Das kleine, süße Gebäck ist ein beliebtes Souvenir, und auf die traditionelle Leipziger Kaffeetafel gehört es in jedem Fall!

Wir gehen zurück in die Jahrhunderte der Renaissance und des Barock. Gejagt wird in sächsischen Wäldern und Feldern nahezu alles, was kreucht und fleucht. Den Kleinsten wird dabei besonders heimtückisch nachgestellt. Für Drosseln, Finken, Lerchen, Sperlinge oder Zeisige bauen die Jäger am liebsten Fallen. »Es geschiehet der Vogelfang entweder mit Garnen oder Netzen, und zwar auf unterschiedliche Arten, als auf grossen und kleinen Vogelheerden, Feld-, Wald-, Strauch- oder Buschfincken- und Lerchenheerden«, heißt es in alten Chroniken: »Solches geschieht das gantze Jahr durch, ausser wenn die Vögel nisten und brüten, zu welcher Zeit der Fang verboten ist.«

Dünne Vogelfangnetze oder mit Mistelbeerpaste bestrichene Leimruten sind Jägern besonders hilf- reich, um an die köstlichen Lerchen zu kommen. In der Gegend um Leipzig stellen den gefiederten Sängern zahllose Vogelfänger erbarmungslos nach. Die »Leipziger Lerchen« sind eine Delikatesse. Sie werden unter diesem Namen nicht nur in der Messestadt und am Dresdner Hof verspeist, sondern als eine fleischliche Leckerei in Papier und Holz- schachteln verpackt und hinaus in die europäische Welt geschickt. In Prag, Wien, Breslau, Frankfurt, Nürnberg, Augsburg, Ulm, Kopenhagen oder Ams- terdam kennen Gourmets das zarte Fleisch. Manche braten fünf Dutzend Lerchen an einem Spieß, andere räuchern sie. Einzelne Feinschmecker schwören auf die gerösteten Brüste der Winzlinge, angerichtet mit frischen Trüffeln.

Drei Millionen Leipziger Lerchen werden in manchem Jahr den Gaumen derer geopfert, die es sich finanziell leisten können. Gleich nach dem Fang werden die Lerchen gerupft, in Papier gewickelt und in Spezialkisten verpackt, teilweise für den internationalen Export. Immerhin erheben die Leipziger Stadtväter eine Steuer auf die Lerchen, zwei Groschen für sechzig Stück. Im Leipziger Salzgässchen handeln die Lerchenfrauen mit der Delikatesse, von der insbesondere gut betuchte Leipziger Bürger für Festtage reichlich einkaufen.

Rosinlein und Rosen-Wasser

Ein Kochbuch von 1723 beschreibt eine Lerchen-Pastete mit einem Teig aus Mehl, drei Eiern, Butter und Wasser: »Man nimmt die Nieren von einem gebratenen Kalbs-Viertel, und hacket sie klein. Hernach nimmt man zwey Eyer, eine geriebene Muscaten-Nuß, ein wenig gestossenen Zimmet, gerieben Brodt, Rosen-Wasser und Zucker, mit ein wenig Rosinlein und Saltz, machet dieß alles warm in einer Pfanne über dem Feuer, nimmt hernach die Lerchen, thut das Eingeweide heraus, und füllet sie mit vorbesagtem. Aus den übrigen macht man runde Ballen, und thut zum ersten Butter in die Pastete, hernach die Lerchen, und alsdenn auch die Ballen, darzu eingemachte Stachelbeer, Datteln und Zucker. Wenn nun die Pastete gebacken ist, so giesset man die Suppen darein, so von weissem Wein, Eyerdottern, Butter und Zucker gemacht seyn soll.« Oder eine andere Rezeptur: »Wenn die kleinen Vögel bald gahr gebraten, so thut daran Corinthen, Zucker, Butter, Pfeffer, Ingwer, Zimmet, halb Wein und halb Fleisch-Brühe. Man kann auch an statt der Corinthen frische Weinbeer geben, welches einen überaus guten und angenehmen Schmack gibt.«

Süßer Speck

Erst im Jahr 1876 macht ein Gesetz des Königs Albert von Sachsen dem lukrativen Lerchen-Fang und Lerchen-Handel ein Ende. Bis dato hatten auch die Bäcker einen Anteil an den Lerchen: In ihren Öfen wurden die Pasteten gebacken! Der Überlieferung nach suchten sie nun nach neuen Einnahmequellen. Und so war das Fangverbot zugleich die Geburtsstunde eines süßen Backwerks, das es bis heute gibt, fast ausschließlich in den besten Leipziger Bäckereien und Konditoreien: völlig fleischlos, dafür mit Mürbeteig, Mandeln, Nüssen und Erdbeerkonfitüre. Bemerkenswert ist, dass die Leipziger Lerche (als regionale Besonderheit des Makronentörtchens) in ihrer Form an den einstmals mit Speck umwickelten Lerchenleib erinnert. Verbreitet ist auch die Auffassung, dass die über Kreuz gelegten Teigbändchen die Schnur symbolisieren, mit der die einst echte Lerche verschnürt war wie eine Roulade.

Leipziger Lerche ist übrigens inzwischen ein geschützter Begriff. Der Landesinnungsverband Saxonia des Bäckerhandwerks Sachsen ließ ihn 2004 schützen.

Vor ä Leibzcher Bäckerladen

Wenn'ch vor ä Leibzcher Bäckerladen schtehe
Un in dr Hand vergniecht zwee Groschen drehe,
dann is de Wahl oft wärklich gar nich leicht,
weil so ä Fänster zu viel Scheenes zeicht.

Da locken een de Guchen aller Sorten.
Ganz vorne liechen marzibanche Dorten.
Windbeitel, Sahnerolln lächeln wie ä Märchen.
Verdraulich zwinkern echte Leibzcher Lärchen.

De Gußzwiebäcke glänzen in dr Sonne.
Mohrngebbe funkeln – 's wärd een schwarz vor Wonne.
Fangguchen, gleene un ooch riesichgroße,
ham drinnewendch ä Glecks von Abrigose.

De Schblitterhernchen und de Schweinsohrn winken.
Mer mechte in ä Geegsbärch gleich versinken.
De Schillerlocken ringeln sich wie Nattern.
Grämschnittchen genn een gradezu verdattern.

Quarkguchen, hochberiehmt im ganzen Lande,
is mit Rosin' geschbickt bis hin zum Rande.
Schbeckguchen, warm gegessen änne Labe,
wer liebt dich nich, du fettche Wonnegabe.

Uno och de Schtrumbsohln wollmer nich verachten,
die uns voll Grumbeln durch de Gindheet lachten.
Im Härbste warnse gar mit Flaum geschmickt,
da hammer oft gleich sechse glatt verdrickt.

Doch abgesähn von all den Zuckersachen
is ooch mit Breetchen hier schon Schtaat zu machen.
Mohnzebbchen, Gimmelbreetchen – schon där Name
begeistert selbst de feinste Leibzcher Dame.

Nu gugge an: Was bammelt da am Fädchen?
Schaumbräzeln sins, dr Draum dr gleensten Mädchen.
Doch jetzt will'ch endlich rein in Laden loofen
Un mir zwee saftche Abbeldaschen goofen.

Lene Voigt

Leipziger Lerche

Zutaten
Teig: 250 g Mehl, 1 Ei,
1 Prise Salz, 1 TL Weinbrand,
80 g Zucker, 125 g weiche
Butter

Füllung
125 g weiche Butter,
150 g Puderzucker, 1 Eigelb,
150 g süße, geriebene Mandeln,
½ Röhrchen Bittermandelöl,
75 g Mehl, 1 EL Stärkemehl,
4 Eiweiß, Butter für
die Lerchen-Förmchen;
250 g Konfitüre (Erdbeere
oder Aprikose)

Zubereitung
Teig: Das Mehl in eine
Schüssel sieben, in der Mitte
eindellen. Salz, Ei, Weinbrand
zugeben, darüber den Zucker,
dann Butter in Flöckchen
zugeben. Einen glatten Teig
kneten. Eine halbe Stunde
an einem kühlen Ort ruhen
lassen.

Füllung: Die Konfitüre
gegebenenfalls pürieren.
In einer Schüssel die weiche
Butter schaumig schlagen.
Puderzucker, Mandeln, Bitter-
mandelöl, Eigelb, Mehl und
Stärkemehl nacheinander
unter Rühren hinzugeben. Das
Eiweiß steif schlagen und be-
hutsam unter die Masse heben.

Den Teig nach der Ruhezeit
ausrollen, ca. ½ cm dick.
Runde Törtchen- bzw. Ler-
chenförmchen (Durchmesser
ca. 5–6 cm) ausbuttern, dann
den Teig darin auslegen. Für
die Kreuzbänder Teig auf-
heben. Mit einer Gabel den
Teig mehrmals anstechen, um
Blasenbildung zu verhindern.

In den Teig die Konfitüre
geben, darüber die Mandel-
masse. Abschließend kreuz-
weise zwei Teigstreifen
über das Törtchen legen.

Lerchen im vorgeheizten
Backofen (180 Grad) etwa
20 Min. backen. Danach
Förmchen stürzen und die
Leipziger Lerchen wieder
drehen, abkühlen lassen und
mit dem Kreuzbändchen
nach oben servieren.

Meine Striezel für
den Rest dor Welt

Man hat ja seinerzeit nicht viel gekriegt für seine
paar Ostkröten, damals in dor dunklen Systemzeit.
Butter, Mehl, Zucker, Salz – Grundnahrungsmittel,
nu, die gab's selbstverständlich in rauen Mengen
für unsere läppschen Aluchips. Aber wenn's ans
vorweihnachtliche Stollenbacken ging, da sah es
ganz schnell zappenduster aus in dor HO-Koofhalle
im Wohngebiet. Süße Mandeln? Rosinen? Zitronat?
Orangeat? Pustekuchen! Die waren meistens schon
ausverkooft, bevor die Sonne im Osten offgegangen
war! De Döring aus dor Fünfe – klar, ausgerechnet
die hatte Westverwandte, also: eene Cousine, mütterlicherseits. De Döring hat Ihre Stollenzutaten
direkt vom Postboten gekriegt – und noch so
manche andere Zuwendung, also von dor Cousine,
nicht vom Postboten. Obwohl, bei dor Döring
weeß ich nie so genau! Ob die nich ooch was mit
Männern hatte, mit wildfremden! Aber wie die
aussieht, da kann ihr Ehemann froh sein, dass der
nur zehn kurze Jahre mit ihr vergeuden musste, bis
zu dem schrecklichen Autounfall in dor Schweiz,
in dor Sächsischen Schweiz. Damals, zwischen
Struppen und Thürmsdorf. Heißt ja bis heute,
dass die Döring am Steuer saß und was gesüffelt
hatte … Abor ich verquatsche mich! Mir waren
beim Christstollen! Woher also nehmen, wenn nicht
stehlen? Da half damals nur eens: Selbst is de Ilse!

Ilse quarkt rein

Ich habe mir meine fehlenden
Zutaten selbst zubereitet, nach
eigenen Rezepten. Zitronat? Ganz
eenfach: Grasgrüne Tomaten in kleene
Würfelchen geschnippelt, mit Zitronensaft überträufelt, drei Monate in Zuckerlösung
eingelegt – ferdsch! Rosinen? Ich habe Äpfel ge-
sammelt (offem Wäscheplatz stand een Prachtexem-
plar von Boom), habe die Äpfel geschält, in kleene
Stücke zerteilt, getrocknet – und zwee Tage vorm
Backen in Übersee-Rum eingelegt! Also, de Döring
hat nischt gemerkt! Die hat fünf Stückel Stollen off
eenmal neingeschlungen, als ich die zum Advents-
gaffee mal in meine Hornzsche neingelassen hab.
Und die Döring kannte den Unterschied schließlich! Für die Mandeln hab ich übrigens Haselnüsse
genommen. Da hatte dor Zieschong noch een
Strauch off seinem verluderten Gartengrundstück!
Ich kann Ihnen eens sagen: die Leute ham sich
gerissen um meine Christstollen. Eenen hab ich
ooch der entfernten Cousine von dor Döring nach
Darmstadt geschickt! Und was hat die mir im Jahre
droff zurückübersandt, für meinen »köstlichen
Weihnachtsstollen«, wie sie off eener vergilbten
Begleitkarte schrieb? Een Päckel Gaffee – Onko!
Und e Stückl Seife von Lux! Der scheint mei
Stollenersatz gemundet zu ham!

Kapitel IV

Ein Dresdner in aller Munde

Einem gewickelten Christkind nachempfunden, wurde der Striezel des späten Mittelalters zum Namensgeber des ersten Weihnachtsmarktes der Welt und versüßt seit dem 19. Jahrhundert als Dresdner Christstollen die dunkle Adventszeit. Die Rezeptur? Ein Geheimnis! Der Stollenschutzverband wacht über Zubereitung und Verkauf. Dafür dürfen die Genießer sicher sein: Wo Dresdner Stollen draufsteht, da ist auch ein echter Sachse drin.

Weihnachten beginnt im Sommer

Unter der noch heißen August- und Septembersonne, im goldenen Dresdner Spätsommer, wenn die Grillen ausdauernd zirpen und der Wein endgültig heranreift, beginnt im weiten Elbtal zugleich die Weihnachtssaison. In Dutzenden von Bäckereien und Konditoreien duftet es nach der Winterwürze des Advents, nach Sultaninen, Zitronat, nach Rum und Mandeln. Die Stollenmacher schicken sich an, das geheimnisumwitterte Christbrot zu backen. Die Zeit droht knapp zu werden. Bis spätestens zum ersten Advent Ende November/Anfang Dezember, jenem Sonntag vier Wochen vor Heiligabend, wollen Tausende Dresdner ihren süßen Striezel zum Nachmittagskaffee im Dämmerlicht der Kerze genüsslich, mitunter sogar ganz feierlich mit einem eigens dafür gefertigten Messer anschneiden.

Tatsächlich stellt der Stollen oder Striezel, wie ihn die Dresdner seit alten Zeiten nennen, nicht nur eine zufällige jahreszeitliche Nascherei dar. Der Stollen gilt hierzulande als Symbol der christlichen Tradition, der Butter-Erlass des Papstes aus dem 15. Jahrhundert war da nur eine, wenn auch für die naschende Nachwelt bedeutsame Fußnote der Geschichte.

Die Form und die Farbe des Stollens – länglich, halbrund, oben mit einer schmalen Vertiefung, weiß bestäubt mit Puderzucker – kommen nicht von ungefähr, besagt die Legende. Das Gebildbrot, wie es die Volkskundler nennen, erinnert an Jesus, das Christuskind, wie es an Heiligabend in einem Stall zu Bethlehem auf die Welt kam und in weiße Tücher gewickelt wurde. Ob das Fastenbrot tatsächlich ganz bewusst dieser Vorlage entspringt oder ob erst später die Christkind-Geschichte in den Striezel hineingedeutet wurde: Dichtung und Wahrheit lassen sich wie so oft nicht mehr auseinanderhalten. Das Wort Stollen oder Stolle, althochdeutsch Stollo, rührt von Stütze, Pfosten oder Säule her, woran die längliche halbrunde Form des Kuchens erinnert, besonders wenn der Teig noch roh als schmale Rolle auf dem Kuchenblech liegt. Stollen ist als wörtlicher Begriff seit etwa dem 9. Jahrhundert nachgewiesen.

Stollen-Legenden

Wann genau ein Stollen erstmals gebacken wurde, darüber kursieren mindestens zwei Geschichten. Fürs Jahr 1329 ließ sich ein Schriftstück finden, das die Fastenspeise urkundlich in die Weltgeschichte hebt. Naumburger Bäcker sollen demzufolge ihrem Bischof Heinrich das da wohl schon recht begehrte Adventsbrot geliefert haben: »Zween lange Weizenstollen, wozu ein halber Scheffel Weizenmehl verwandt werde, ihm und seinem Hofe zu entrichten.«

Womöglich aber liegt der Ursprung des späteren Dresdner Stollens auch in Torgau, wo die Wettiner in jener fernen Zeit auf Schloss Hartenfels residierten.

Die sächsischen Herrscher des 15. Jahrhunderts
erwirkten beim Papst in Rom eine Ausnahme,
die dem Stollen zum verheißungsvollen Siegeszug
verhelfen sollte. Statt Öl durften die Bäcker des
trockenen Weihnachtsbrotes nun Butter verwenden.
Im Butterbrief des Heiligen Vaters steht: »Sintema-
len nun, daß euretwegen für uns vorgegeben, daß
in euren Herrschaften und Landen keine Öhlbäume
wachsen und das man des Öhles nicht genug, sondern
viel zu wenig und nur stinkend habe, daß man dann
teuer kaufen muß oder solches Öhl allda habe, das
man aus Rübenöhl macht, das der Menschen Natur
zuwider und ungesund, durch dessen Gebrauch
die Einwohner der Lande in mancherlei Krankheit
fallen. Als sind wir in den Dingen zu eurer Bitte
geneigt und bewilligen in päpstlicher Gewalt,
inkraft dieses Briefes, daß ihr, eure Weiber, Söhne
und Töchter und alle euren wahren Diener und
Hausgesind der Butter anstatt des Öhls ohne
einige Pön (Buße) frei und ziemlich gebrauchen
möget.«

Heinrich Drasdow, der Torgauer Hofbäcker, soll
bereits ab dem Jahr 1457 die Gaumen seiner Herren
und Kunden mit Mandelstollen verwöhnt haben.
Auch außerhalb Torgaus sprach sich das herum.
Zu diesem Zeitpunkt gab es den Dresdner Striezelmarkt schon, aus der Taufe gehoben anno 1434. Kurz
vor Heiligabend konnten die Dresdner dort alljährlich den Striezel kaufen, ihr Christbrot. Sicherlich
befanden sich unter der Weihnachtsware auch Dras-
dower Stollen aus Torgau, aus denen sich dann im

Lauf der Jahre die Dresdner Stollen entwickelten.
Denn bis etwa zum Ende des Dreißigjährigen
Krieges 1648 waren in Sachsen für die Christstol-
lenbäckerei eigentlich nicht Dresden und seine
Dörfer, sondern vor allem Torgau, Meißen und
Siebenlehn bekannt. Letztere Tatsache schmeckte
den Dresdner Stollenbäckern ganz und gar nicht,
denn sie wollten ihre Ware lieber selbst und exklusiv
auf dem Striezelmarkt verkaufen. Gegen die Ein-
fuhr der Siebenlehner Stollen nach Dresden protes-
tierten die Dresdner Bäcker und Konditoren denn
auch. Überliefert ist dieser Streit als Siebenlehner
Bäckerkrieg anno 1615. Erzählt wird, die Dresdner
Bäcker hätten gar vor körperlicher Gewalt nicht
zurückgeschreckt. Außerhalb der Stadttore lauerten
die Handwerker den Siebenlehnern auf, schlugen
die Standesbrüder nicht selten brutal nieder, rissen
die Pferdefuhrwerke samt den Stollen darin um.
Als wäre das nicht schon genug des kulinarischen
Zanks, zündeten die Dresdner die Kutschen der
Siebenlehner gar noch an. So geht die Legende. Der
Kurfürst hörte sich nach dem Ende des Dreißigjährigen Krieges die Jahr um Jahr zahlreicheren und
ungeduldigeren Klagen der Dresdner Bäcker nicht
mehr lange an und gab endlich nach. Der Dresdner
Striezelmarkt durfte nur noch mit einheimischer
Backware beliefert werden. Die Siebenlehner hatten
das Nachsehen.

Aus dem Jahr 1560 rührt der bis zum Anfang
des zwanzigsten Jahrhunderts bestehende Erlass,
dem Fürsten oder König zum Weihnachtsfest ein bis

zwei Stollen von 36 Pfund Gewicht zu überlassen. Um das Backwerk heil zum Schloss zu bringen, machten sich alljährlich acht Meister und acht Gesellen auf den Weg.

Augusts Riesen-Weißbrot

August der Starke bereicherte die Geschichte des Christstollens Anfang des 18. Jahrhunderts um einen Superlativ – wie könnte es bei dem extrovertierten, lebenslustigen und genießerischen Monarchen auch anders sein. Noch Jahrhunderte nach des Königs Tod, um genau zu sein: bis in die heutigen Tage, sprechen viele von einem spektakulären Riesenstollen, der aus Anlass des rund vierwöchigen Zeithainer Lagers bei Riesa mit einem Achtspänner vorgefahren wurde.

Am 1. Juni des Jahres 1730 begann das opulente militärische Manöver, mit dem der Sachsenfürst den europäischen Kollegen, unter anderem Preußenkönig Friedrich Wilhelm I. und dessen Sohn, seine soldatische Kraft demonstrieren wollte. Etwa 30 000 kurfürstliche Militärs marschierten zu eigens komponierter Militärmusik durch die nordostsächsische Landschaft. Bunte Uniformen, farbenfrohe Fahnen und unzählige Zelte dominierten den barocken Festplatz. 162 Ochsen, 54 000 Kannen Wein und Unmengen an Brot wurden im Laufe der barocken Kriegsspielereien fürs Fußvolk herangekarrt.

Kulinarischer Höhepunkt der Prasserei war der Riesenstollen des Dresdner Bäckermeisters Johann Andreas Zacharias. Mit hundert Helfern war ihm ein etwa 1,8 Tonnen wiegendes Festbrot gelungen. Für den Teig hatten die Gesellen 3 600 Eier, 326 Kannen Milch und 20 Zentner Weizenmehl verrührt. Um das essbare Ungeheuer zu backen, war sogar ein eigener Ofen gemauert worden. Mit Ketten zogen die Bäcker ihr Werk schließlich ans Tageslicht und brachten es vorsichtig an die Zeithainer Feldtafel. Vor den Augen der 24 000 Gäste zerschnitten dann Fachleute mittels eines überdimensionalen, anderthalb Meter langen Stollensäbels den Rekordkuchen. Außen war der Striezel knusprig, innen weich. Er schmeckte den meisten der Teilnehmer, die von der Prozession ganz überwältigt waren.

Hätte August der Starke gewusst, wie zerstritten nachfolgende Generationen über die wirkliche Gattung dieses Gebäcks sind, hätte er es wohl noch genauer beschreiben lassen. Kann es ein Christstollen sein, wenn er im Sommer gebacken wird? Wieso besteht der Teig aus Eiern, obwohl selbst die frühesten Grundzutaten des Striezels Öl oder Butter, Wasser oder Milch, Hefe und Mehl darstellen – eben ohne Eier? Mit dem Abstand mehrerer Jahrhunderte betrachtet, handelte es sich beim Zeithainer Stollen wohl um ein gigantisches süßes Weißbrot, von dem einige Zeitzeugen noch jahrzehntelang ein längst vertrocknetes Scheibchen wie eine Reliquie im Tresor verwahrten – als Andenken an das verschwenderische Manöver im Sommer 1730.

Das Geheimnis eines echten Dresdner Stollens

In der Zeit danach, im aufkommenden Bürgertum und dessen Küche, fixierten und verfeinerten Dresdner Bäcker ihr Stollenrezept so stark, dass der Striezel aus Sachsens Residenz zu einem europäischen und weltweiten Renner wurde. Die Dresdner Romanschriftstellerin Lenelies Pause beschrieb diese kultische Geburt eines königlichen Kindleins, wie der Striezel von ihr genannt wurde:

»Es mag viele geheimnisvolle Rezepte auf Erden geben, doch liegen sie alle offener zutage, als das Geheimrezept für den echten Christstollen, dessen Siegelbewahrerin die Altdresdner Hausfrau war. Wenn an dieser Stelle eines zu treuen Händen verraten sei, so ist es ein bewährtes Rezept – allein, das Geheimrezept ist's nicht. Von ihm wird viel gemunkelt. Es wird erzählt, es hielte sich mit Milch gar nicht auf, es kenne nur die fette, schiere Sahne, zwei Kannen voll, direkt vom Lande bezogen. Es geht die Rede von einer Metze (8 Pfund) gestäubten Weizenmehls. Diese Metze verschlingt begierig 4 Pfund der besten Tafelbutter, reißt 6 Pfund entkernte Sultaninen mit sich, sättigt sich mit 2 Pfund gestoßenen und einer Hand voll bitteren Mandeln. Begehrt einen großen Splitterhaufen glasigen Zitronats, gehobelte Orangenschale, nimmt auch einen Hauch Muskatblüte an – leise, wie mit kraftloser Hand über einem Stück Zucker gerieben –, verlangt nach einem gutem Schuss Arrak und nimmt den Zucker beileibe nicht

in der neumodisch kristallisierten Pulverart, sondern
will ihn nach guter alter Hausfrauenart vom ge-
wichtigen, in blaues Papier geschlagenen Hut, und
auch das nur gemörsert, gesiebt und auf die Zitrone
abgerieben. Diese Metze Weizenmehl verschwindet
geradezu, ertrinkt und erstickt unter der Üppigkeit
der anderen Zutaten. Sie schluckt noch 2 Kannen
süßen Rahm, direkt vom Lande bezogen.«

Das tiefe Geheimnis des alten Dresdner Stollens
kennt aber auch die Hausbäckerin nicht oder will
es zumindest nicht preisgeben: »Das ist ein fettes,
gutes, dennoch aber ein nacktes Grundrezept. Was
enthielt das Tütchen im Pompadour, dessen Inhalt
die Hausfrau im letzten Augenblick über die Back-
mulde stiebte? Was enthielt die kleine Kristallphiole,
aus der sie im letzten Augenblick ein Tröpfchen
in die fertige Masse taute? Wir wissen es nicht.
Wir werden auch nie erfahren, was für eine kleine
Nuß es war, die sie über das Reibeisen gleiten ließ,
als der Stollen fertig gepudert auf dem Brett ruhte.
Ein solcher Stollen ist kein Kuchen mehr zu
nennen: es ist ein schweres Marzipan, eine schiere
Leckerei, die im sächsischen Bürgerhaus auf dem
Tische neben bunt-goldenen Tassen Meißner
Porzellans um die Weihnachtszeit herum duftet.«

Bekrönt wird der süße Weihnachtskuchen durch
weitere Kalorienträger: »Gemengt, geformt und
gebacken ist der Christstollen noch ein unfertiges
Kindlein. Mit 2 Pfund zerlassener heißer Butter
wird er langsam und sanft betaut und getränkt. Zucker, vanilleduftend, sinkt wie Schneewolken auf

ihn hernieder, bis er endlich heimgetragen wird, mit einer Fahne süßen Duftes hinter sich, die in den Tagen vor dem Fest die ganze Stadt durchzieht und aus allen Backstuben, aus allen Hausfluren herausatmet.«

Spätestens seit dem 19. Jahrhundert gehört der Dresdner Stollen zum festen Bestandteil des bürgerlichen Weihnachtsfestes. Ob nun in den heimischen Küchen oder in den Bäckereien und Konditoreien: In den Wochen vor Heiligabend sind allerorten Mandeln, Rosinen, Orangeat, Zitronat, Anis, Ingwer, Kardamom, Koriander, Muskat, Nelke, Piment, Vanille, Zimt, Arrak, Rum, auch Quark und Mohn griffbereit für die vielen Spielarten des Christbrotes. Der Gang über den Altmarkt gehört und gehörte in diesen Tagen zu den Traditionen der Dresdner.

»Wo nun die eigene Kunstfertigkeit nicht ausreichte oder es an Material fehlte, kauften wir das Fehlende auf dem Weihnachtsmarkt, der in Dresden nach einem eigentümlichen Backwerke der Striezelmarkt genannt wird«, schreibt der Maler Wilhelm von Kügelgen (1802 bis 1867) in seinen »Jugenderinnerungen eines alten Mannes«, einem der erfolgreichsten Bücher über die Lebensart in Dresden: »Acht Tage vor dem Feste pflegte sich der Dresdner Altmarkt mit einem ganzen Gewimmel höchst interessanter Buden zu bedecken, die abends erleuchtet waren und große Augenlust gewährten. Das Glitzern der mit Rauschgold, mit bunten Papierschnitzeln und goldenen Früchten dekorierten Weihnachtsbäume, die hell erleuchteten kleinen Krippen mit dem Christuskinde, die gespenstischen

Knechte Rupprechts, die Schornsteinfeger von
gebackenen Pflaumen, die eigentümlich weihnacht-
lichen Wachsstockpyramiden in allen Größen, endlich das Gewühl der Käufer und höfliche Locken
der Verkäufer, das alles regte festlich auf.« Und weiter heißt es bei Kügelgen: »Hier drängten auch wir
uns des Abends gar zu gern umher, schwelgend in
dem ahnungsreichen Dufte der Tannen, der Wachs-
stöcke, Pfefferkuchen und Striezeln, die in einer
den Wickelkindern entlehnten Gestalt, reichlich mit
Zucker bestreut, vor allen zahlreichen Bäckerbuden
auslagen und Löwenappetit erregten.«

Der Maler Ludwig Richter, der den Striezelmarkt in vielen seiner liebevollen, heimeligen Bilder
widerspiegelte, wusste um die schwere Süße des
Dresdner Striezels und schrieb am 17. Dezember
1849 von Dresden aus warnend an seinen Sohn
Heinrich: »Wenn Du nur nicht ernstlich krank
geworden bist, dann sei ja recht vorsichtig und ver-
dirb Dir den Magen nicht an dem Stollen, wenn Du
auch wohl bist.« Ein andermal in der Weihnachtszeit
schreibt Richter an den Sohn: »Lieber Heinrich!
Meinen Brief von gestern mit 25 Talern Inlage wirst
Du wohl richtig erhalten haben, inkl. fünf Taler fürn
Heilgen Christ, und der Christstollen folgt anbei …
Der Stollen ist, wie ich sehe, ein wahres Ungeheuer
geworden, und Du kannst zum Sankt Georg dran
werden, wenn Du den Lindwurm würgest!«

Dem Königlich Sächsischen Bau- und Bahn-
meister Erster Klasse, Maximilian Wobst (1856 bis
1919), sind die Weihnachtsrituale so kostbar, dass

er sie in einem Brief an seine Kinder festhält, geschrieben im Dezember 1910:

»Weihnachten kam immer näher. Der Tag des Stollenbackens rückte heran. Die selige Mutter hatte wochenlang gespart; da gab es verschiedene versteckte Butternester mit vollen Stücken, eine Menge Tüten mit Zucker, Rosinen, Zitronat und so weiter. Die Einkäufe wurden besorgt, wie es gerade der Geldbeutel erlaubte – jede Woche etwas. Mutter wusste genau, was noch fehlte und was noch alles sein wollte. Bei fünf Gehilfen, zwei Lehrlingen und der eigenen Familie von vier Köpfen gab es tüchtig zu kochen, zu scheuern und zu waschen. Mutter betätigte sich darüber hinaus auch noch in Vaters Werkstatt; sie musste dort die gefertigten Schuhe einfassen, was heutzutage die Maschine besorgt. Mutter musste manche liebe Nacht mit Arbeit zubringen; ich weiß noch, dass Muter sagte: Diese Nacht will ich alles in Ordnung bringen, damit ich morgen früh mit allem fertig bin.«

Da wurde die Butter ausgewaschen, damit das Salz herauskam; die Rosinen mussten gelesen werden; die Mandeln wurden seinerzeit noch mit dem Wiegemesser zerkleinert; große Bögen Packpapier wurden mit zerlassener Butter bestrichen, für jeden Stollen ein besonderes Papier, mittels welchem das Gebäck in den Ofen geschoben wurde, was heutzutage nicht mehr geschieht, weil die Backöfen inzwischen eine ganz andere Bauweise besitzen.

Magere Zeiten für Stollen

Nach den beiden Weltkriegen und der totalen Zerstörung Dresdens hatten die Menschen zunächst andere Sorgen, als sich ausgiebig um die Stollenbäckerei zu kümmern. Dennoch blieb sie in den folgenden Jahren der DDR ein privates Vergnügen und ein staatliches Zugeständnis an die lange Tradition, nicht nur die wenigen privat verbliebenen Bäckereien sorgten für die gewerbliche Herstellung, auch Kombinate stellten den Stollen für den Massenbedarf her. Das häusliche Backen für den Eigenbedarf hatte aber bei vielen Dresdnern noch eine große Bedeutung, anders als heute. Mangel-Zutaten wie Mandeln oder Rosinen erhaschten die Hobby-Stollenbäcker unterm Ladentisch oder ließen sich die guten Dinge aus dem Westen schicken, damit die überlieferten reichhaltigen Rezepte auch ordentlich gelangen. Zum Dank bekam manche Westtante einen echten Dresdner Stollen zurück, geschickt über die stacheldraht- und mauergeschützte innerdeutsche Grenze. Wer auf die Westverwandtschaft nicht zurückgreifen konnte oder schlichtweg keine hatte, suchte in den Konsum-Kaufhallen oder in der staatlichen Ladenkette HO nach Zutaten. Die Krönung des Mangels stellte ein nach längerer, staatlich unterstützter Forschung produzierter Zitronat-Ersatz dar, für den grüne Tomaten die Grundlage bildeten. Statt des teuren Südfruchtproduktes wurde nun das Imitat »Kandidat T« in die Einkaufs-Regale gelegt. Selbst Rosinen sollten durch gezuckerte

Apfelstückchen ersetzt werden, doch die Wissenschaftler des Zentralinstituts für Ernährung in Potsdam-Rehbrücke waren mit dem Geschmack des Experiments nicht zufrieden – zum Glück. Die kuriosen Umstände schadeten dem Weltruf des Dresdner Stollens nach 1945 kaum. Fast alle Unzulänglichkeiten wurden durch die Sorgfalt beim Backen ausgeglichen. Auch im Westteil Deutschlands erinnerten alte Dresdner an die Berühmtheit aus ihrer zerstörten Stadt. Der erfreulichen Geschäftstüchtigkeit einer alteingesessenen Dresdner Konditorei namens Kreutzkamm ist der nachhaltige Durchbruch zwischen Isar, Rhein, Mosel und Nordsee zu verdanken. Nachdem Dresden ausgelöscht und auch die Unternehmensgebäude der Kreutzkamms in Dresden von den Bomben vernichtet worden waren, siedelten die einstigen Königlichen Hoflieferanten nach München über. Im September 1950 begannen die Kreutzkamms dort, ihr Christbrot nach der alten Familienrezeptur zu backen, unter dem Namen »Dresdner Stollen« zu verkaufen und wieder in alle Welt zu schicken. Für die lukullische Fernfracht, schon vor dem Krieg erfolgreich erprobt, packten die Mitarbeiter jeweils einen Stollen in eine Blechkiste, die zugelötet wurde, und diese wiederum wurde in einer Holzkiste verstaut, erinnerte sich Fritz Kreutzkamm später, der Urenkel des Unternehmensgründers Heinrich Jeremias Kreutzkamm: „Dazu kam jeden Abend in meiner Jugend Herr Klempnermeister Fiedler aus der Zahnsgasse und lötete die täglich fertiggestellten

Pakete zu, was jedesmal mit einem ausgiebigen Schwätzchen verbunden war. Was für eine gemütliche Zeit. Wir Kinder staunten über die Aufschriften und wälzten unseren Atlas, um die fremden Orte auf der Landkarte zu suchen. Wir malten uns aus, wie die schwarzen Träger in Afrika so einen Christstollen durch den Urwald tragen, was tatsächlich öfters vorgekommen ist. Heute gibt es, nur mit ganz wenigen Ausnahmen, kein Land, in dem nicht zu Weihnachten ein Kreutzkamm-Christstollen angeschnitten wird.«

Auch DDR-Betriebe schickten ihren Dresdner Stollen gen Westen. Ein Dresdner Bäcker- und Konditor erinnert sich, dass für den Export nur die aufwändig herzustellenden »geschlagenen Stollen« in Frage kamen – statt der schneller zu vollendenden »gerissenen Stollen«. Der Unterschied? Die längliche Teigrolle wird beim geschlagenen Stollen mit einem Rundholz zur Hälfte vorsichtig platt gerollt. Danach wird der dünnere Teigboden wieder zur Mitte hin umgeschlagen - im Querschnitt erscheint dieser Stollen dann nicht mehr rund wie eine Rolle, sondern wie ein abgerundetes Dreieck. Beim schneller zu backenden gerissenen Stollen wird die Teigrolle von oben mit einem scharfen Messer längs angeschnitten – genau dort reißt der Teig dann wie gewünscht im Backofen auf und bildet eine längliche Vertiefung. Am Geschmack gibt es keinen Unterschied, sagen erfahrene Bäcker. Wenn allerdings genügend Zeit bleibt, ziehen die Bäcker und Konditoren beim Backen den geschlagenen Stollen dem gerissenen vor.

Spöttisch reagieren Dresdner zudem, wenn ein Rosinenstollen so wenig der süßen Trockenfrüchte enthält, dass die einzelnen Sultaninen im Teig so weit auseinander liegen, dass sie sich – könnten sie Laute geben – schreiend verständigen müssten. Solche Sparvarianten heißen volkstümlich »Schreistollen«. Von viel besserer Qualität und Güte zeugen daher die Flüsterstollen, mit Massen an Rosinen, die eng genug beieinander liegen, dass sie sich im Flüsterton unterhalten könnten.

Nur echt mit dem Gütesiegel

Damit kein anderer auf der weiten Welt den wertvollen Markennamen streitig macht und damit sich keinesfalls ein Stollen-Krieg wie weiland 1615 wiederholt, schlossen sich 1991 Bäckereien und Konditoreien aus Dresden und dem Umland in einer Gemeinschaft zusammen, dem Schutzverband Dresdner Stollen. Der eingetragene Verein wacht über die Qualität der Stollen aus den Mitgliedsbetrieben und vergibt als Gütebeweis das eigens entworfene ovale Siegel für Dresdner Stollen: der Goldene Reiter alias August der Starke, geprägt auf goldenem Grund, nach oben abgeschlossen mit einer königlichen Krone. Mittels einer Kontrollnummer, die ebenfalls auf dem Stollen-Wappen steht, lässt sich für die Genießer feststellen, wer den Stollen gebacken hat. Inzwischen ist der gewerblich hergestellte Dresdner Stollen nicht mehr nur ein geschäftlich erfolgreiches Backwerk mit Tradition, sondern zudem ein fast fälschungssicheres Produkt, das beim Deutschen Patentamt mit mehreren Wort- und Bildmarken eingetragen und geschützt ist.

Stollenfest im Advent

Die alljährliche Stollenbacksaison umran- ken die Bäcker und Konditoren mit einem Stollenfest, das am Sonnabend vor dem zweiten Advent in der Dresdner Altstadt gefeiert wird, samt einem Striezel in den Ausmaßen des Zeithainer Riesenstollens von 1730. Vor allem fürs männliche Auge küren die Stollenbäcker des Schutzverbandes seit 1995 Jahr für Jahr ein Stollenmädchen, das zusammen mit dem Stollenkutscher samt Riesen- Striezel durch die Stadt fährt und ähnlich einer Weinkönigin bei wichtigen Terminen des Stollen- schutzverbandes die verführerische Repräsentantin der berühmten süßen Versuchung aus Dresden ist.

Für Stollenkäufer bietet sich vor allem auf dem Ende November beginnenden Striezelmarkt die Ge- legenheit, an vielen Ständen die unterschiedlichsten Dresdner Stollen zu kosten und sich für eine ganz persönliche Geschmacksnote zu entscheiden. Ein unumstößliches Rezept gibt es für den Dresdner Stollen nicht. Die Grundstoffe bleiben, wie schon von Lenelies Pause beschrieben, und es werden auch für all jene, die Rosinen weniger mögen, Quarkstollen, Mohn- und Mandelstollen gebacken. Der berühmte

Stollenbäcker Fritz Kreutzkamm schreibt in seinen Erinnerungen, er werde oft nach dem Familienrezept befragt: »Und hier möchte ich betonen, dass das Rezept für die Güte des Stollens allein nicht ausschlaggebend ist. Vielmehr ist die richtige Auswahl der Zutaten und vor allen Dingen die Herstellungsart von maßgeblicher Bedeutung. Es existiert nicht ein Gebäck, was so eine peinliche Sorgfalt und Genauigkeit in der Herstellung verlangt wie der Christstollen. Keine Maschine kann die handwerkliche Fertigkeit ersetzen. Seine Herstellung kann nur von guten Fachkräften erfolgen und verlangt ein hohes Maß an Kraft und Routine.«

Vollendeter Genuss

Der Stollenschutzverband rät zum Kauf eines Vierpfundstollens, da das Gebäck dann seinen einzigartigen Geschmack am besten entfalten könne. Wessen Appetit kleiner ausfällt, der kann es zunächst mit einem 750-Gramm-Stollen versuchen, außerdem gibt es Zwei- und Dreipfünder.

Auch wenn der Appetit und die Neugier noch so groß sind: Ein Stollen sollte keinesfalls frisch nach dem Backen angeschnitten werden. Die Experten raten zum Kauf zwei bis vier Wochen vor dem ersten Anschnitt. Wer am ersten Advent genießen will, sollte also schon Anfang November an die Besorgung denken. Noch ein Trick bewährt sich, um das Gebäck vor dem Austrocknen zu bewahren: Kenner

schneiden ihren Stollen in der Mitte an und dann
Scheibe für Scheibe nach außen. Zur Aufbewahrung
werden die Hälften zusammen geschoben, das schützt
vor ungewollten Geschmacks-Überraschungen.

Wer es wie weiland August der Starke mit seinem
Riesenstollen halten will, der kauft sich das eigens
nach historischem Vorbild gefertigte halbrunde,
zahnlose Messer, auf das die Bäcker und Konditoren
des Stollenschutzverbandes aus Traditionsgründen
gern verweisen. Ebenso striezelerfahrene Spitzen-
köche halten das allerdings für verzichtbaren Luxus.
Ein scharfes, langes Küchenmesser führt zu einem
ähnlich vortrefflichen Erfolg. Die Erfahrung lehrt
hier wohl am besten.

Wer den kompletten Christstollen nicht beim
ersten Adventskaffee vertilgt (selbst Großfamilien
schaffen an einem Nachmittag keinen Vierpfünder),
der sollte den Stollen in ein Leinentuch wickeln
und in einer Holzwanne an einem kühlen Ort auf-
bewahren, am besten und wo noch mit niedrigen
Temperaturen vorhanden im Keller. Ansonsten ist
es in der Winterzeit kalt genug, dass der Stollen
mitsamt seiner Originalverpackung, entweder im
Karton oder in der Blechdose, nässegeschützt auf
dem Balkon oder in einem Schrank verwahrt werden kann. Zwischen drei und zehn Grad Celsius
beträgt die Temperatur, die einem fertigen Stollen
auf Dauer am besten bekommt. Wärme und Frost
sind seine Feinde. Eine Luftfeuchtigkeit um siebzig
Prozent hält den Dresdner Weihnachtskuchen saftig
und frisch.

Als Getränk zum Stollen erweist sich ein frisch gebrühter Kaffee als idealer Begleiter. Sächsischer Wein mit hoher Süße oder Glühwein, ein Schlückchen Sekt oder Champagner sind für den besonderen Anlass keine Sünde, aber auch nicht der große Geheimtipp, wohingegen Bier ausnahmsweise der allerschlechteste Partner zum süßen Stollen ist.

Seit dem Jahr 1999 stellt Prinz zur Lippe auf seinem Gut Schloss Proschwitz einen originellen Stollenlikör her, der im Geschmack einem Dresdner Stollen sehr nahe kommt. Die flüssige und alkoholische Variante wird nicht etwa aus eingeweichten, vergorenen Stollenresten gewonnen (obwohl dies zunächst vergeblich probiert wurde), sondern kommt zu ihrem Stollenaroma durch die geschmacksgenaue Verwendung der maßgeblichen Stollengewürze, beispielsweise Rosinensaft, Mandelextrakt, Zitronat. Stollen trinken und Stollen essen gehören aber eher nicht zusammen. Genießer müssen sich also entscheiden und kommen wahrscheinlich dahin, dass sie am Nachmittag ihren Christkuchen zum Kaffee essen und sich am Abend ein Gläschen des flüssigen Dresdner Stollens genehmigen.

Der Selbstgebackene

Am höchsten wertschätzen wird einen Stollen, wer ihn selbst einmal zu backen probiert hat. Auch wenn es die meisten Bäcker und Konditoren wohl routinierter können, einen Versuch

darf es auch Anfängern wert sein. Wie bei jedem
Rezept und bei jedem Gericht gilt: Nur wenn die
Zutaten von höchster Güte sind, kann auch das
fertige Produkt zum Gaumenschmeichler werden.
Angesichts des Aufwandes für einen Stollen wäre es
ganz sicher falsch, bei Mehl-, Hefe- oder Gewürz-
qualität zu sparen.

Das Mehl für einen Stollen sollte frisch gemahlen sein und keinesfalls feucht oder gar stockig er-
scheinen, sonst droht das Endprodukt bitter oder
säuerlich zu schmecken. Für den Christstollen eignen
sich besonders die Mehltypen 997 (Roggenmehl)
und Typ 405 (Weizenmehl), da sie gut quellen. In
vielen Rezepten wird empfohlen, das Mehl gründlich zu sieben. Einerseits wird das weiße Pulver da-
durch von möglicherweise noch darin befindlichem
Unrat befreit, sogar der Mehlwurm schafft es trotz
penibler Hygiene in manche Tüte. Viel entscheiden-
der ist aber die Tatsache, dass beim Sieben mehr
Luft in das Mehl kommt, was dazu führt, dass es
locker wird und sich mit allen anderen Zutaten
wesentlich besser vereint.

Die Hefe für einen Christstollenteig bildet die
treibende Kraft beim Backen, ganz im wörtlichen
Sinn gemeint. Die Hefepilze wandeln den aus der
Stärke des Mehls gewonnenen Zucker in Kohlendi-
oxid und mehrere Aromen um. Der vergleichsweise
kleine Hefeklumpen sorgt somit erst für den richtigen
Geschmack des Kuchens. Nach rund sechstausend-
jähriger Verwendung wird die Hefe seit 1857 auch
als solche erkannt und geehrt. Vorher sorgte allein

die Gabe der Natur dafür, dass beim Bierbrauen oder beim Backen der Hefepilz für besondere Geschmacksnoten und Volumen verantwortlich zeichnete. Die Deutsche Frischback-Hefe aus dem Laden sorgt für eine kontrollierte Reaktion. Vierzig Gramm davon reichen für bis zu ein Kilo Mehl. Statt der inzwischen weit verbreiteten Trockenhefe empfehlen erprobte Privat-Stollenbäcker die frische Hefe aus dem Kühlregal, um in ihr Weihnachtsgebäck nur die besten Zutaten einzubringen.

Die Butter macht den Geschmack eines Christstollens erst rund. In armen Zeiten mussten die Bäcker die gute Butter oft genug durch sogenannte Klotzbutter, wie Margarine einst hieß, ersetzen – oder gar durch Rindertalg. Unvorstellbar scheint inzwischen das Stollenbacken mit Rübenöl, wie es vor dem päpstlichen Butterbrief an der Tagesordnung war. Fürs häusliche Stollenbacken ist nur die beste Butter zu empfehlen, die sich besorgen lässt: möglichst frische Bauernbutter, und wenn die schwer zu beschaffen ist, dann ist zumindest Markenbutter der mitunter schon recht betagten Kühlhausbutter vorzuziehen.

Rosinen sind zwar nichts anderes als Weinbeeren, die getrocknet wurden, was schon der aus dem Spätlateinischen stammende Name racimus (Traube, Beere) sagt. Doch nicht jede Trockenbeere, oft um neunzig Prozent ihres Saftes gebracht, ergibt auch gleich eine ausreichend gute Stollenzutat. Der Begriff Rosine bezeichnet genau genommen nur die großen mediterranen und kalifornischen Trockenbeeren, die rötlich bis braun schimmern und Kerne haben. Wenn möglich, sollten für den privaten Stollen ungeschwefelte Rosinen verwendet werden. Diese Konservierungsmethode macht die Rosinen zwar haltbarer, beeinflusst allerdings auch ungewollt ihren Geschmack. So oder so ist es ratsam, die Rosinen vor der Weiterverarbeitung gründlich lauwarm zu waschen. Allzu fest gewordene Rosinen können zuvor eine halbe Stunde in einem Zitronensaftbad wieder zu Saft und Kraft kommen. Unterschieden werden zudem die lila-schwarzen, kernlosen, süßen Korinthen aus Griechenland, die hellbraunen, kernlosen Sultaninen aus der Türkei (gewonnen aus der Sultanattraube) und die auffallend großen Zibeben, wie Rosinen in einigen Teilen Deutschlands bis heute genannt werden. Der Begriff findet sich auch in historischen Kochbüchern häufig.

Ursprung des Orangeats bildet die historisch bemerkenswerte Pomeranze (Bitterorange), deren Schale gewässert, aufgekocht und in großen Fässern mit Zuckerlösung übergossen wird. Nach einem Tag beträgt die Zuckerkonzentration in der Schale schon gute 70 Prozent, nach weiteren vier Tagen ist das Orangeat fertig kandiert und kann in kleine Stücke geschnitten luftdicht abgepackt werden. Wichtiges Qualitätsmerkmal des Orangeats ist dessen Saftigkeit. Verschrumpelte und harte Würfel sind kaum mehr zu gebrauchen.

Zitronat entstammt nicht etwa der Zitrone, wie der Name glauben macht, sondern der Frucht des Zedratbaumes, die auch Zedrat-Zitrone genannt wird.

Die Herstellung des Zitronats oder der Sukkade erfolgt ganz ähnlich der des Orangeats.

Die Mandeln bilden in einem Gemisch aus bitteren und süßen Kernen das Aroma des Stollens. Die bitteren Mandeln, die an einem eigenen Mandelbaum wachsen, dürfen nur in kleinsten Mengen verwendet werden, da schon ein paar Dutzend davon, bei Kindern sogar ein halbes Dutzend, lebensgefährlich sein können. Kein Wunder: Aus Bittermandeln lässt sich Blausäure gewinnen. Der verführerische Bittermandel-Duft und der Geschmack, vom Marzipan her bekannt, machen die kleinen Kerne jedoch als Zutat unverzichtbar. Reichlich hingegen dürfen die süßen Mandeln verzehrt und verwendet werden, obwohl sie aus rund fünfzig Prozent Fett bestehen. Die Backzutat ist eigentlich der Samen des Mandelbaums, eines Rosengewächses, an dem Steinfrüchte wachsen. Ihre Steinschale ist außerordentlich hart. Darin befindet sich der schmackhafte Kern, von einer hellbraunen, dünnen Haut umzogen. Beim Backen muss diese zuvor mit heißem Wasser abgeweicht werden. Wer frische Mandelraspeln oder Stifte will, sollte diese entweder mit einer Handreibe oder eine elektrischen Küchenmaschine herstellen. Dann ist das Resultat garantiert frisch. Übrigens schwingt bis heute bei den Mandeln wie bei vielen Stollenzutaten eine zauberhafte Exotik des alten Persien, Palästina und Assyrien mit. Handelsübliche Mandeln kommen mittlerweile meist aus mediterranen Ländern, aus dem südlichen Russland, aus Kalifornien oder aus dem Vorderen Orient.

Stollengewürze mit Geschichte

Auch andere Stollenzutaten haben eine teils uralte Kulturgeschichte. Der Mohn gilt seit 6 000 Jahren als Genussmittel. Dass aus dem Milchsaft des Schlafmohns auch Opium gewonnen werden kann, spielt in der Weihnachtsbäckerei freilich keine Rolle. Der Mohn sollte frisch gemahlen werden, um sein zartes, nussiges Aroma noch besser entfalten zu können. Die Verarbeitung des gemahlenen Mohns muss zügig erfolgen, da das frei gewordene Öl schon nach einigen Tagen ranzig wird.

Die zahlreichen Gewürze im Stollen haben – jedes für sich genommen – recht erstaunliche Eigenschaften. Der vom Orient über die Mittelmeerländer zu uns gekommene Anis beispielsweise gilt als Aphrodisiakum. Wer an diese lendenstärkenden Wirkungen nicht glaubt, der kann seine Sinne immerhin am süßen, aromatischen, würzig-frischen Duft erfreuen. Bekannt ist Anis auch als Brotsamen, Runder Fenchel oder Süßer Kümmel.

Die Schärfe des Ingwers veranlasste in alten, mittelalterlichen Zeiten die Menschen, ihn statt des nicht vorhandenen oder später noch recht teuren Pfeffers zu verwenden. Längst ist die aus China und anderen asiatischen Gegenden zu uns gebrachte Pflanze als Zutat aus der süßen Küche, insbesondere der Weihnachtsbäckerei, nicht mehr wegzudenken. Auf frischem Ingwer zu kauen hilft zudem gegen leichtere Formen der Seekrankheit, was auf die Verwendung des Ingwers als Heilpflanze verweist.

Kardamom gehört bei Feinschmeckern nicht nur als Würze in den Kaffee – wie es die Araber lieben. Für den Christstollen bildet dieser Samen der nicht ganz reifen Kapselfrucht eine unverzichtbare Beigabe, auch wenn im fertigen Kuchen nur noch ein Hauch des sonst fast brennenden, an Eukalyptus erinnernden Geschmacks zu erahnen bleibt. Steht im Laden auf der Tüte »in der Schale gemahlen«, so sollte dieser Kardamom nicht fürs Stollenbacken erworben werden. Nur das Pulver der reinen Samen selbst verspricht beste Qualität.

Koriander verwendeten wohl schon die Menschen der Jungsteinzeit, in der Bibel findet das Gewürz Erwähnung, es ist als Heilmittel in Indien bewährt und wird als Brot-, Wurst- oder eben Weihnachtsgewürz sogar in Mitteldeutschland und Süddeutschland angebaut. Anno 1543 notierte der Botaniker Leonhart Fuchs: »Kein wantz kan nit so übel stincken als der gruen Coriander.« Der verdächtige Geruch des frischen Koriandersamens – daher einst auch »Wanzendill« geheißen – weicht zum Glück einem angenehmen aromatischen Duft, wenn die Körner getrocknet werden.

Muskat wird zwar Muskatnuss genannt, ist aber keine Nuss, sondern Samen. Für die Küche wird von dem südostasiatischen Gewürz frisch etwas abgerieben, um schon mit wenigen Mengen eine intensive Würze zu erzeugen. Ebenso verwendet wird die Muskatblüte (auch Macis), bei der es sich um den Mantel handelt, der die Muskatnuss umschließt. Nahezu gleich im Geschmack, würzt die

Muskatblüte wesentlich zarter und dennoch aromatischer als die Nuss. Auch der Blüte werden die Liebe steigernde Wirkungen zugesprochen, was wohl der Alkohol anrichtet, der im Zusammenspiel mit Muskatnuss-Pulver intensiver wirkt.

Nelken stammen vom Nelkenbaum und sind nichts anderes als die vorzeitig gepflückten und getrockneten Blütenknospen. In ihrer Form erinnern die Gewürznelken an einen kleinen Nagel, woraus sich auch Nägelein und schließlich Nelke ableitete. Das hocharomatische Nelkenöl sollte stets maßvoll verwendet werden. Ungemahlene Nelken helfen ein wenig bei Zahnweh, weil das Öl antiseptisch wirkt und den Schmerz betäuben hilft.

Piment heißt auch Nelkenpfeffer, weil das runde Korn dieses karibischen und mittelamerikanischen Myrtengewächses im Duft und dem schon scharfen Geschmack an Zimt und Nelken erinnert und wegen seiner Vielseitigkeit auch Allgewürz genannt wird. Die getrocknete Beerenfrucht sollte möglichst kurz vorm Backen des Stollens gemahlen werden, damit das Aroma frisch hervorkommt.

Der Flora und Fauna Mexikos haben die Feinschmecker die Vanille zu verdanken. Nur dort wuchs und vermehrte sich zunächst diese Kletterorchidee durch die Hilfe der Kolibris und von Insekten. Erst im 19. Jahrhundert gelang der Anbau außerhalb Mexikos, auf einer Insel im Indischen Ozean, wo die Vanille-Pflanze jedoch künstlich bestäubt werden musste, weil es an der natürlichen Hilfe entsprechender Tiere mangelte. Nicht Schoten – wie oft behauptet, sondern längliche Fruchtkapseln geben das einzigartige Aroma ab. Für das süße Backen ist Vanillezucker eine der wichtigsten Zutaten.

Wer das Pech hat, in der Vorweihnachtszeit einen Schnupfen zu bekommen, wird vom wunderbaren Zimt nichts schmecken können. Zimt ist ein gutes Beispiel, wie Nase und Gaumen harmonieren. Der Test ist einfach: Zimt mit geschlossener Nase zu essen, lässt das Pulver so fade wie Mehl schmecken. Erst mit dem Geruchssinn und offener Nase erschließt sich das Gewürz. Zimtstangen werden aus der Innenrinde des Zimtbaumes hergestellt, die dazu abgeschält, eingerollt und getrocknet wird. Je dünner und heller, desto besser ist die Qualität des Zimts, der schon vor 4500 Jahren in China bekannt war. Hierzulande entwickelte sich Zimt im Mittelalter zum teuren Gewürz, das einer Währung glich. In Augsburg erzählt man sich, der Kaufmann Anton Fugger habe um 1530 die Schuldscheine Kaiser Karls V. vor den Augen des Herrschers verbrannt – in einem verschwenderischen Feuer aus Zimtstangen. Die deutsche Norm unterscheidet beim Padang-Zimt die Qualitätsklassen AA, A, B und C. Für Genießer empfiehlt sich die Qualität AA.

Arrak und Rum geben einem Stollenteig Saft, angenehme Feuchte und etwas Promille. Der beste Arrak – ein aus Reis, Zuckerrohrsaft und Palmensaft destillierter Alkohol – kommt aus Java und Indonesien. Beim Rum schwören Stollenbäcker auf den braunen Rum mit einem Alkoholgehalt von 40 bis 43 Volumen-Prozent.

Stollenrezepte

Dresdner Christstollen anno 1844

Ein schon recht nachahmenswertes historisches, zudem maßgenaues Stollen-Rezept von einem Dresdner Mundkoch stammt aus dem Jahr 1844. Johann Friedrich Baumann, der als Küchenmeister in den Diensten des Grafen Bünau von Dahlen stand, beschreibt die Zubereitung in seinem zweibändigen Werk »Der Dresdner Koch oder die vereinigte teutsche, französische und englische Koch-, Brat- und Backkunst«. Das Rezept klingt so, als wäre der original Dresdner Stollen, wie er heute berühmt ist, Mitte des 19. Jahrhunderts nicht mehr allzu weit. Wiewohl dieses Rezept auf Eier zurückgreift, die heute im Dresdner Stollen eher selten etwas verloren haben.

»Butterstolle oder Butterzopf, sächsisch. Ein Mäßchen Mehl (1,662 Liter) wird in einem Asch lau erwärmt, gesiebt, wieder darein gethan und eine Grube gebildet; vier Eßlöffel voll junge dicke Hefen werden mit einem Eßlöffel voll Zucker verrührt, eine Achtelskanne Milch damit vermischt, in die Grube gegossen und ein weiches Hefestückchen angerührt, dann Mehl darüber gestreut, eine erwärmte Serviette vierfach darüber gedeckt und an einen lauwarmen Ort gestellt; wenn das Hefestückchen hoch aufgegangen ist, werden zwei Eier, acht Loth (ein Loth = 16 Gramm) Zucker, zwei Loth mit einigen Tropfen Wasser mehlfein gestoßene bittre Mandeln, Salz und nach Belieben eine gute Messerspitze Muscatblüthe dazu gefügt, und das ganze zu einem recht festen und trocknen Teig angemacht und fein gearbeitet, im Fall aber nicht Feuchtigkeit hinreichend wäre, so wird noch ein wenig laue Milch nachgenommen; dann wird zwanzig bis vierundzwanzig Loth frisch ausgewaschene, trockne und biegsam gearbeitete Butter, erst die Hälfte, und wenn diese gut damit verbunden ist, die andere Hälfte darunter gebrochen und der Teig recht fein gearbeitet; hernach drei Viertelpfund große ausgekernte, und ein Viertelpfund kleine Rosinen, vier bis acht Loth stiftlicht geschnittene süße Mandeln und vier Loth ebenso geschnittene eigemachte Cedrate (Citronath), welches alles lau erwärmt worden ist, gut darunter gemengt, Mehl darüber gestreut, mit vierfacher Serviette überdeckt und an einen lauwarmen Ort, wo die Butter nicht zum Schmelzen kommt, zum Aufgehen gestellt; der Asch muß sich nämlich nur immer lauwarm, aber nie heiß anfühlen; wenn dann der Teig um noch ein Mal so hoch aufgegangen ist, so wird er auf die mit Mehl bestreute Tafel geschüttet, zu einem runden Leib leicht und glatt zusammen gedrehet, dann zu einer sechzehn bis achtzehn Zoll langen Walze, welche in der Mitte etwas dicker als an beiden Enden ist, ausgerollt, das Walzholz auf die Mitte der Länge nach aufgesetzt, niedergedrückt und die Hälfte rückwärts, noch einmal so breit geplattet und dann wieder auf die andere hohe Hälfte zurückgeschlagen, so daß darauf hin ein Saum (eine Kante) entsteht; diese Stolle wird nun mit Behändigkeit, indem man von zwei Seiten darunter greift, auf doppeltes mit Butter bestrichenes Papier, und wenn man es hat, damit auf ein Blech gesetzt; nach zehn Minuten ohngefähr, denn die Stolle darf nur noch sehr wenig

aufgehen, wird sie mit lauem Wasser oder mit klarer Butter glänzend überstrichen, in einen mäßig heißen Ofen gesetzt und drei Viertel- bis eine Stunde zu schöner Farbe gebacken. Aus dem Ofen kommend wird sie mit zerlassener klarer Butter bestrichen und, nachdem sie kalt ist, mit Zucker bestreut. Diese Stolle wird immer kalt aufgetischt und erhält sich viele Tage gut. Vorzüglich wird dieses Gebäck zu Weihnachten, selbst bei den ärmeren Klassen, überall angetroffen.«

Dresdner Christstollen anno 2012

Zutaten:
Teig: 750 g Weizenmehl,
70 g frische Hefe,
1/4 l frische Milch,
140 g weißer Zucker,
300 g Butter,
eine Prise Salz

Außerdem
200 g Rosinen, 180 g süße
und 40 g bittere Mandeln
ohne Haut, 60 g Orangeat,
170 g Zitronat, etwas brauner,
43-prozentiger Rum,
3 Esslöffel Vanillezucker,
unbehandelte Zitrone,
eine gute Prise Salz

Zubereitung:

Die Rosinen in eine Schüssel schütten und so viel von dem Rum zugeben, dass alle Beeren bedeckt sind, und alles nach Möglichkeit einen Tag einweichen lassen – oder mindestens eine Stunde.

Für den Grundteig müssen alle Zutaten annähernd die gleiche Temperatur haben, also möglichst Zimmertemperatur. Das Hefestück klein bröseln, mit etwas lauwarmer Milch und knapp zwei Esslöffeln Zucker sorgfältig verrühren, dass alle Klümpchen aufgelöst werden. Das in eine Schüssel gesiebte Mehl mit einer Mulde versehen. Dort hinein wird die flüssige Hefe geschüttet und mit ein wenig Mehl vom Rand der Mulde gemischt. Darüber so viel Mehl sieben, dass eine Schicht von etwa einem Millimeter entsteht. Nun wird die Schüssel mit einem sauberen Tuch abgedeckt und an einen warmen, absolut vor Zugluft geschützten Ort gestellt. Dort kann der Teig in etwa einer halben Stunde aufgehen. Zeigen sich auf der Mehlschicht über dem Hefegemisch deutliche Risse, sollte der Teig zügig weiter verarbeitet werden: alle weiteren Zutaten bei-

mengen und nun den Teig kräftig kneten, bis er glatt ist und sich leicht vom Schüsselrand lösen lässt. Nun kommt wieder eine Ruhepause von etwa einer Dreiviertelstunde, danach folgt weiteres kräftiges Kneten. Jetzt sollte die Entscheidung für »gerissenen Stollen« oder »geschlagenen Stollen« getroffen werden. Für den gerissenen Stollen muss der Bäcker eine etwa kinderarmdicke Rolle formen und oben mit dem Messer einen flachen Längsschnitt setzen, aber nicht durchgehend, sondern zwei Zentimeter Platz lassen zu den beiden Enden der Rolle – an dem Schnitt reißt der Teig später im Ofen auf. Für den geschlagenen Stollen wird der Teig ein wenig mit dem Nudelholz ausgerollt auf etwa 30 mal 40 cm, an den Längsseiten leicht eingeschlagen, dann werden die Längsseiten zur Mitte hin eingeschlagen und gut angedrückt. Nach einer weiteren halben Stunde Ruhezeit (Teig mit einem Tuch bedeckt) wird der Stollen auf ein eingefettetes Backblech gehoben und bei 180 Grad eine Stunde goldbraun gebacken. Den warmen Stollen mit flüssiger Butter bestreichen, darüber Puderzucker stäuben.

Offm Rummelplatz!

Mein Herbert, dor liebe Gott habe ihn selig, war
ja manchmal e ganz unausstehlicher Fläz – wenn
der zuviel Stoff drinne hatte, hörn Se uff! Wie e
wildes Raubtier! Abor mitunter konnte mein
Herbert ooch richt'sch liebenswürdig sein und
een off muschebubu machen! Wir waren damals
beede jung vormählt – und off dor Vogelwiese
war grade dor Rummel! Mir hatten ja nich so viele
Lustbarkeiten damals – da war eene Schießbude,
de Berg- und Talbahn und dor Zuckerwattestand
fast schon e bissel wie Las Vegas! An dor Losbude
hatte ich Glück: Für zwee Punkte gab's eene Vogelstimme, so e Blättchen, mit dem zwischen Zunge
und Gaumen dor Ornitheologe seine Vögelchen
anlockt! Ach je, da habe ich meim Herbert was
vorgezwitschert, bis er de Nerven verlorn hat und
an dor Schießbude die Luftknarre direkt off mich
gerichtet hat! Ich habe die Vogelstimme sofort ausm
Mund genommen und mich brav an seine breite
Seite geschmiegt! Im Schießen war er natürlich
e Ass – und da gab's nach zwee Magazinfüllungen
zehn Papier-Rosen für mich! Da hab'sch mich ge-
fühlt, als hätte mich dor Herbert noch een zweetes
Mal ums Ja-Wort gebeten! Dann ging's zum Büch-
senwerfen! Na ja, ich war nicht die beste Schützin:
Eene mickrige Kuba-Apfelsine gab's als Preis. Abor
dann war dor Herbert an dor Reihe! Zehn Schuss,
zehn Volltreffer! Der hat die Blechbüchsenpyramide

Ilse quarkt rein

abgeräumt – wie John Wayne in seinen besten Zeiten! Zur Belohnung bekam dor Herbert freie Wahl! Was hätte der sich alles aussuchen dürfen: ne Sammeltasse mit dem Zwinger-Motiv! Oder eene tschitscheriengriene Vase aus Lauschaer Glas, mundgeblasen! Abor dor Herbert hat alles ausgeschlagen – er wollte nur eens: das riesige Lebkuchenherz, off dem mit schneeweißem Zuckerguss stand: »Mein Schatz, ich liebe Dich!« Er hat gestrahlt wie so ne Narva-Glühbirne, als ihm der Rummelbudenbesitzer die Trophähe überreicht hat! Dann hat mir dor Herbert das Herz um meinen Hals gehängt, als hätte ich grade bei Olympia gewonnen – und nachherz gab's noch een richt'schen Kuss von meinem Herbert! Na, da bin ich natürlich off Wolke Sieben nach Dorheeme geschwebt! So ein guter Mensch konnte dor Herbert sein! Wir wollten's in dor Anrichte offhängen, für alle Zeiten! Als ich am nächsten Morgen das Pulsnitzer Pfefferkuchenherz in Schrank stellen will, liegt da nur noch dor Faden, an dem's hing. Dor Rest: ratzebutze offgefressen vom Herbert. Der hatte sich nach dem Rummel noch drei Radeberger reingezulpt – dor Appetit kam von alleene, und weg wars, das Liebesherz vom Rummelplatz. Als er aus dor Falle kam, sagt der zu mir: »Ich habe Dich eben gern, Ilse – zum Fressen gern!« Wie hätt'sch denn so einem Menschen böse sein können?

Kapitel V

Im schönsten Milchladen der Welt

Er gründete nicht nur eine äußerst originelle Molkerei in Dresden. Paul Pfund erfand 1886 für Deutschland die Kondensmilch und gab damit dem Kaffeegenießer zu jeder Gelegenheit die wunderbare Chance, sein Getränk mild zu süßen und sanft zu färben. Im Geschäft des alten Pfund, dem laut Guinnessbuch »Schönsten Milchladen der Welt«, läuft Naschkatzen bis heute das Wasser im Mund zusammen.

Schlaraffenland zum Kosten und Schauen

Im uralten Wettstreit zwischen Auge und Gaumen siegt in diesem Dresdner Feinkostgeschäft stets das Auge. Erst will es sich genüsslich umblicken, verweilen, erkunden, sich sattsehen. Eine opulente Farbenpracht wie im Orient, aus zartem Meerblau, glänzendem Sonnengold, einem Hauch von Blatt- und Mintgrün, widerstrahlend von unzähligen bunt bemalten Porzellankacheln. Ein lukullisches Universum als optischer Schmaus. Nackte Engelchen in Kindergestalt ergötzen sich an Äpfeln, Trauben, Birnen. Junge Täubchen, Schmetterlinge, Eichhörnchen, Hasen, Kätzchen und Hund tummeln sich in diesem Schlaraffenland zwischen Blütenkelchen, rankendem Blättergrün, flatternden Bändern, Tierköpfen, Fabelwesen, Ornamenten und Wappen. Die Putten sorgen sich um Milchkühe, füllen das weiße Getränk in silbern schimmernde Kannen, fahren es auf dem Holzwagen zur Kundschaft. Am großen Schaufenster zur Straße hin leuchtet eine Jahreszahl auf einer der Villeroy-&-Boch-Fliesen: »1892« steht da. Der historische Laden der einstmals hier residierenden Molkerei-fabrikanten-Familie Pfund erscheint heutzutage wie eine fantastische Oase für unsere empfindlichen Sinne im sonst verkehrslauten, bislang noch tristen Teil der Bautzener Straße, die durch das kriegsverschonte, weit über hundert Jahre alte Viertel Dresdner Äußere Neustadt verläuft.

Der historische Michladen ist ein Reich zum schier grenzenlosen Staunen, Schauen, Kosten und Schmecken – ein Schlaraffenland, aus der Märchenwelt in die Wirklichkeit gerückt. Unter der gläsernen Ladentheke, gleich neben dem historischen Milchbrunnen, liegen gut einhundertzwanzig Käsesorten, die meisten davon aus Rohmilch gefertigt. Gut einhundert weitere raffinierte Feinschmeckereien ärgern jeden Kunden und neugierigen Gast, der gerade schon gespeist hat oder auf seine Linie achten muss.

Das verlockend Süße fehlt nicht zwischen den herzhaften Bissen und der gut geführten Vinothek, vorrangig ausgestattet mit Sachsenweinen. Der Naschende findet das Eigenwillige. Da lockt cremiger Käse, mit Schokoladenflocken umhüllt, der bei der Verkostung einem vorzüglichen Konfekt gleicht. Feinste Nougat-Pralinen aus Belgien liegen im Regal, Pfunds Edelbitter-Schokolade mit rosa Pfeffer türmt sich auf dem Ladentisch, italienischer Milchgrappa reiht sich in die Liste der Leckereien, viele davon eigens im Auftrag des Milchladens produziert. Überall im Geschäft präsent ist zudem Pfunds Kondensmilch, die von hier, aus deutschen, sächsischen Landen heraus, ihren Weg um die Welt gemacht hat.

Einen Wermutstropfen freilich gibt es. Von dem berühmten, weitläufigen Milch- und Käseimperium ist nur der Laden in der Bautzener Straße 79 geblieben. Immerhin und zum Glück für die Nachwelt handelt es sich bei ihm um eine glanzvolle Perle.

Ein Landwirt wird zum Pfundskerl

Paul Gustav Leander Pfund, geboren 1849 als Sohn eines Spritfabrikanten, wollte als Landwirt aus Reinholdshain die Stadt erobern. Er ging nach Dresden, mit ihm Ehefrau Mathilde. Wichtigstes Kapital für seinen späteren Welterfolg stellten sechs Kühe und sechs Schweine dar. In der Görlitzer Straße in der Dresdner Neustadt eröffnete Pfund einen Laden – mit einem ganz besonderen Clou. Vom Verkaufsraum aus sahen die entzückten Großstädter durch ein Fenster in die Molkerei, direkt auf die tierischen Milchlieferanten. Angestellte molken die Kühe vor den Augen der Kundschaft, die Milch wurde zweimal durch feine Tücher geseiht, abgekühlt. So frisch und rein ging sie sogleich über den Ladentisch. Es war eine fantastische Geschäftsidee. Der Pfundsche Direktverkauf sprach sich rasend schnell herum, nicht nur, weil es ein Spaß war für Kinder und Erwachsene, sondern weil die Güte und die Frische des Produkts vielen Dresdnern mittlerweile einiges wert waren.

Ende des neunzehnten Jahrhunderts hatte die Industrialisierung in Städten wie Dresden die ländliche Idylle alter Zeiten verschwinden lassen. Die Milch zum Beispiel kam kilometerweit vom Lande in die Residenz, einmal am Tag, auf offenen Wagen und im Hochsommer nicht immer ausreichend gekühlt. Die Massen der Stadt wollten versorgt sein, ein großes und vielversprechendes Geschäft war das. Die Transportfahrzeuge für die Milch blieben auf dem Rückweg in die Dörfer selten leer, auch machte sich dies in wirtschaftlicher Hinsicht bezahlt. Alte Kleider oder Küchenabfälle für Schweine und Hasen lagen dann abends dort, wo des nächsten Tags wieder das empfindliche Lebensmittel stehen sollte. Vor diesem alltäglichen Hintergrund gewann ein einfallsreicher Landwirt wie Pfund mit seiner Stadtmolkerei ein tiefes Urvertrauen zurück, wenn die Hausfrauen und Einkäufer sogar die Kuh auswählen durften, die ihnen die Milch unter der eigenen Überwachung gab.

Das Geschäft in der Görlitzer Straße erwies sich wegen des großen Ansturms aus allen Stadtteilen bald als zu klein. Weil Pfund kein zögerlicher Mann war, sondern seinen Ideenreichtum mit Mut und Tatkraft vereinte, zog er um, in die Bautzener Straße, und vergrößerte sich auf einem Areal, das damals praktisch am Rand der Stadt lag. Im Lauf der Jahrzehnte baute er dort zusammen mit seinem kontaktfreudigen und charmanten Bruder Friedrich Pfund, eigentlich herzoglich-weimarischer Hofschauspieler, eine Aufsehen erregende Unternehmenswelt auf, die »Dresdner Molkerei Gebrüder Pfund«. Die Familie errichtete Produktionsstätten, um darin Sahne, Butter, Käse, Joghurt, Kefir, Buttermilch, Milchpulver, Kondensmilch und sogar Milchseife herzustellen. Diese Milchseife war ein äußerst hautverträgliches Handwaschmittel, das – handgesiedet – mittlerweile wieder in der Bautzener Straße zu haben ist.

Aus dem ursprünglichen Milchladen in der Görlitzer
Straße war zu Anfang des 20. Jahrhunderts ein
Imperium geworden. Rund 150 Liter Milch hatte
Pfund als Direktverkäufer in der Görlitzer Straße
am Tag produziert.

In den 1930er-Jahren flossen unglaubliche
60 000 Liter Milch durch die Molkerei, deren
Angestellte nun freilich mehr als sechs Kühe
melken mussten und aus dem ländlichen Raum
unter strengen Qualitätsregeln anlieferten. Zur
Molkerei gehörten ein eigenes modernes Labor,
eine Kartonagenfabrik, eine Druckerei für die
Reklame, die Pfund-Publikationen und Etiketten
in allen wichtigen Sprachen der Welt erzeugte.
Statt auf andere Zulieferer und fremde Dienstleister
angewiesen zu sein, versorgte sich das Pfund'sche
Unternehmen weitgehend selbst. Für die einhun-
dert Pferde und Fahrzeuge arbeiteten Pfund'sche
Beschlagschmiede, außerdem gab es Tischler,
Zimmerer, Stellmacher, Schlosser, Klempner, die
Kannen und Krüge verzinnten, Lackierer, die Autos
und Kutschwagen milchweiß strichen und so
blütenrein erhielten, ebenso hantierten eigene
Wäscherinnen und Uniform-Schneiderinnen
für ihren Arbeitgeber Pfund. Der zeigte soziale
Fähigkeiten, ließ Wohnungen erbauen, errichtete
einen Gesellschaftssaal für 250 Leute, führte die
Betriebskrankenkasse ein, sorgte zur Freude der
Pferdekutscher für eine Bierschwemme und
betrieb einen Kindergarten für den Nachwuchs
der Mitarbeiterfamilien.

Milch in Dosen

In der kulinarischen Weltgeschichte verewigten sich die Molkerei-Brüder mit ihrem deutschen Novum »Pfunds Condensirte Milch«. Sie bewarben das in Dosen versiegelte Produkt als »beste Kindernahrung«, empfahlen es als Ersatz- und Kaffeesahne und versicherten allen Schleckermäulern glaubhaft, das Produkt sei unentbehrlich für Küche und Haushalt. Pfund konnte die Milchproduktion weiter steigern und machte die bislang schnell verderbliche Ware haltbar.

Für die Herstellung von Kondensmilch wird herkömmliche Milch für zehn bis fünfundzwanzig Minuten auf fünfundachtzig bis hundert Grad Celsius erhitzt, um die Keime darin abzutöten, und wird danach bei Unterdruck und vierzig bis achtzig Grad Celsius eingedickt. Danach hat die Milch einen Fettgehalt von siebeneinhalb bis zehn Prozent und eine fettfreie Trockenmasse von etwa dreiundzwanzig Prozent. Wenn die Kondensmilch homogenisiert war, kam sie für gewöhnlich in Konservendosen oder Blechtuben und wurde erneut sterilisiert. Für heiße Sommertage, Not- und Kriegszeiten sowie für Reisende und kleine Kinder war die Kondensmilch von Pfund sehr bald nicht mehr wegzudenken.

Industriell hergestellte Kondensmilch war erstmals im Jahre 1856 in den Vereinigten Staaten von Amerika auf den Markt gekommen. Zehn Jahre später gründeten zwei Amerikaner die Anglo-Swiss Condensed Milk Company in Zürich. Diese ging

1905 mit Nestlé zusammen, einem Unternehmen, benannt nach dem Gründer Henri Nestlé. Er war ein deutschstämmiger Schweizer Apotheker und Chemiker, der um 1866 die gewerbliche Kondensmilchherstellung entscheidend verbesserte und für Europa als deren Erfinder gilt. Dessen Monopol durchbrachen die findigen Dresdner. In Deutschland wurde Kondensmilch erstmals 1886 von Pfunds Molkerei angeboten. So steht es in modernen Lexika. Den Gebrüdern Pfund gebührt hierzulande das Erfinder- und Vermarktungs-Prädikat, und den Dresdnern sei Dank: Mit der haltbaren Milch konnte auch die Rate der Kindersterblichkeit in Deutschland gesenkt werden. Die unerlässliche Babynahrung war nun jederzeit vorrätig zu halten, besonders für kranke oder unterernährte Kinder.

Eine Kalzium-Bombe

Kondensmilch hat einen hohen Anteil an Trockenmasse, was den Anteil der festen Nährstoffe in der kondensierten Milch erhöht. Vierhundert Gramm gezuckerte Kondensmilch haben so viel Kalzium wie 1 Liter Milch. Kondensmilch mit einem Fettanteil von zehn Prozent hat außerdem dreimal so viel Milchzucker wie Kaffeesahne mit demselben Fettanteil und dreimal so viel Eiweiß. Nur der Vitamingehalt erhöht sich nicht, weil beim Kondensieren leider Vitamine zerstört werden.

Zurück zu den Dingen, die uns das Leben nicht nur sichern, sondern auch versüßen – ohne ärgerliche Nebeneffekte. Schauen wir uns noch mal die Homogenisierung an. Was geht da vor sich? Damit sich Kondensmilch gut mit dem Kaffee mischen lässt und sich die Fettschicht nicht etwa auf der Oberfläche absetzt, wird die Milch durch feinste Düsen gepresst, um so die Fettkügelchen in der Milch auf die gleiche Größe zu bringen. Für Kaffeesachsen stellt das ganz sicher eine der wichtigsten Technologien in der Geschichte des Essens und Trinkens dar.

Pfundige Rezepte

Mit Milch, jenem natürlichsten Lebensmittel der Erde, weil es die Natur in der Mutterbrust bereithält, lässt sich wunderbar das Dasein versüßen. Pfund selbst ließ folgerichtig ein Kochbuch drucken, in dem er für seine Milch- und Käse-Produkte Anleitungen zu raffinierten Weiterverarbeitungen gab. »Speisequark und was man daraus machen kann!« nennt sich die für Hausfrauen verfasste Broschüre mit dem Untertitel »Ein praktisches Rezeptbuch. Pfunds Molkerei, Dresden«. Aus dem Kapitel »Süßspeisen« stammen die folgenden Original-Pfund-Rezepte, die für vier bis sechs Personen konzipiert sind und bei weniger großem Appetit entsprechend reduziert werden sollten.

Orangen-Quark-Creme

500 Gramm Speisequark werden durchpassiert und mit 4 Eigelb, 1 Päckchen Vanillezucker, 125 g feinem Zucker, Saft von 1 Orange oder einem sonstigen Fruchtsaft gut mit dem Schneebesen geschlagen. Dann gibt man den sehr steifen Eierschnee und Schlagsahne (von 1/8 l Rahm) darunter, füllt die Masse bergförmig in eine Schale und reicht die Creme mit Waffeln oder anderem leichten Gebäck kalt zu Tisch.

Apfelsinen-Creme

Zutaten:
250 Gramm Quark, ¼ l süße Sahne, fünf bis sechs Esslöffel Zucker, vier Orangen, eine halbe Zitrone, vier Blatt Gelatine (zwei weiß, zwei rot), etwas Milch.

Zubereitung:
Zum Quark gibt man etwas Sahne und Milch und schlägt denselben sehr schaumig. Die zurückgehaltene Sahne wird ebenfalls geschlagen. Dann presst man die Orangen sowie die Zitrone aus, süßt mit Zucker, gibt die vorher eingeweichte und auf schwachem Feuer aufgelöste Gelatine zu und mischt das Ganze gut durcheinander, füllt es in eine Glasschale und gibt es mit Makronen zu Tisch.

Quark-Pudding

Zutaten:
250 g Quark, 40 g Butter, 30 g Mandeln, 40 g geriebene Semmel, eine Prise Salz, 125 Zucker, drei Eier, 65 g Sultaninen

Zubereitung:
Butter wird schaumig gerührt mit Zucker und Eigelb, eine Prise Salz, geriebene Semmel, geriebene Mandeln daruntergemengt. Ein paar bittere Mandeln (gerieben) verfeinern den Geschmack; sodann Sultaninen und zuletzt den Schnee von drei Eiern daruntergeben, in eine Puddingform füllen und eine Dreiviertelstunde im Wasserbad kochen. Nach dem Herausnehmen noch einige Minuten geschlossen lassen. Nach Belieben kann noch etwas Zitrone beigegeben werden.

Buttermilch-Pudding

Zutaten:

1 l Buttermilch, Saft von
2 Zitronen, abgeriebene
Schale von 1 Zitrone,
200 g Zucker, 25 g Gelatine
(ungefähr zwölf Blatt,
halb rot, halb weiß)

Zubereitung:

In den mit Zucker gesüßten
Zitronensaft gibt man etwas
geriebene Zitronenschale.
Die Gelatine wird in kaltem
Wasser ausgedrückt und in
kochendem Wasser aufgelöst.
Nachdem man der Butter-
milch den Zitronensaft zuge-
setzt hat, wird unter schnel-
lem Rühren die Gelatine
dazugegeben. Die Mischung
gibt man in eine mit kaltem
Wasser ausgespülte Puddingform und lässt sie an einem
kühlen Ort steif werden. Am
besten reicht man Vanillesauce
dazu.

Quarkauflauf

Zutaten:

1 bis 2 Eigelb, 180 g Zucker,
500 g Speisequark, 30 g Mehl,
250 g geriebene Kartoffeln,
2 EL gewaschene Korinthen,
etwas fein gewiegte Zitronenschale, 1 Tütchen Backpulver

Zubereitung:

Eigelb und Zucker werden
schaumig gerührt und der
Quark, den man durch ein
feines Sieb gestrichen hat,
das Mehl, die Kartoffeln, die
Korinthen und die Zitronenschale hinzugefügt. Zuletzt
gibt man den Schnee von
ein bis zwei Eiweiß und
ein Tütchen Backpulver dazu.
Die Masse wird in einer
eingefetteten Form eine
Stunde gebacken und heiß
aufgetragen.

Käse-Reis-Auflauf

250 g Reis werden in der
Milch gar gekocht und abgekühlt. 750 g Käse werden
durch ein Sieb gestrichen und
dazugegeben. Dann mengt
man ein Stück zu Schaum
gerührte Butter, Zucker,
Schale und Saft einer halben
Zitrone, Rosinen, 2 Eigelb
(dies alles gut vermischt)
und zuletzt Eiweiß darunter.
Die Masse füllt man in eine
mit Butter bestrichene
Auflaufform, gibt Butter-
flöckchen darauf und bäckt
eine bis anderthalb Stunden
bei starker Hitze.

Dor Russe im Schrank!

Wer aus meiner Generation stammt, der hat e bissel
een gespaltenes Verhältnis zum Russen an sich! Ich
will das nich weiter vertiefen, abor mein Herbert
hat immer gesagt: Gloobe keenem Russen! Dor
Russe ist falsch wie das erste Eis im Winter! Und
mir sind ja in meinem Leben mehr Russen übern
Weg geloofen, als eenem lieb sein kann: in Dresden
war die Siegermacht bis nachem Mauerfall statio-
niert. Abor da hamse mir schon fast leid getan, die
armen Kerle, mit ihrem rasierten Deetz, eingesperrt
in den Kasernen, als hätten die selber den Krieg
verloren und nicht wir. Trotzdem, das eenzsche
Russische, das ich seit jeher in meiner Wohnung
dulde, ist Russisch Brot! Russisch Brot gabs ja
schon damals unterm Honecker – und ich habs
immer gern geknabbert, off den FDGB-Reisen
mit meiner Freundin Trudel oder alleene dorheeme
vorm Fernsehprogramm, wenn dor Polizeiruf so
spannend war, das mor sich fast de Fingernägel
abgekaut hätte vor lauter Offreschung! Damals
war das Russisch Brot e bissel babbscher als heute!
Für de Zähne war das selbstverständlich besser als
die jetzsche Knusperei. Was ich mich aber immer
gefragt habe, damals wie heute, wieso Russisch Brot
nicht kyrillische Buchstaben darstellt? Was ham
sich die Kleenen in dor Schule abrackern müssen,
diese verschnörkelten Krakel auswendig zu lernen!

Ilse quarkt rein

Da hab ich zu dem kleenen
Enkel von dor Döring immer
gesagt, wenn der mal off Besuch
kam: Wenn Du Russisch wirklich
genießen willst, dann probiere mal
das hier! Dann habe ich dem eene Tüte
Russisch Brot offgemacht, und der hat nich eher
offgehört, bis der letzte Krümel vom Alphabet weg-
geputzt war. Dreimal in dor Woche! Das hat natürlich seine Spuren hinterlassen bei dem kleenen
Wanst. Nach zwee Jahren Russischunterricht à la
Ilse hatte der sieben Kilo mehr druff als erlaubt,
aber keene eenzsche russ'sche Vokabel drin in dor
Birne. Und der war vorher schon keen Hungerhaken
gewesen, dor kleene Ronny! Als ich neulich mal
off eener Busreise bein richtschen Russen war –
St. Petersburg, Weiße Nächte, Panzerkreuzer Aurora
– da habe ich vergeblich nach Russisch Brot gefragt. »Russisch Brot?«, hat da so een glatzköpfiger
Putinverschnitt in so eener russischen Koofhalle
gefragt und geantwortet: »Konetschno! Natürlich!«
Der geht hinter in sein Lager, kommt zurück und
drückt mir mit den Worten »Russisch Brot« eene
Flasche Wodka in de Hand! Dor Russen-Schnaps
passte übrigens ganz gut zu meinem sächs'schen
Russisch Brot! Dann krümelts nich mehr so elende
in dor Gusche!

Kapitel VI

Unser täglich Russisch Brot gib uns heute

Eine der rätselhaftesten Nascherein der Welt wirft nicht nur Fragen auf, sondern regt auch lernfaule Schüler zum spielerischen Umgang mit Buchstaben und Ziffern an. Russland und Österreich spielen bei der Herkunft des Knuspergebäcks eine Rolle, obwohl es zumindest in Moskau heute kaum einer mehr kennt. Einst im Zarenreich hieß das Russisch Brot »Bukwui«.

Essbares Alphabet

Von A bis Z ein Genuss! Zumindest für den, der das süße Leichtgebäck »Russisch Brot« mag, gilt dieser Spruch ganz im wörtlichen Sinne. Eiweiß, Puderzucker, Weizenmehl, Karamell, Vanillin, Malz und Kakao stecken in den knusprigen Buchstaben, wie sie in Dresden seit über 160 Jahren hergestellt und ebenso gern vernascht werden wie anderswo in der Welt, zum Beispiel in den USA, in Kanada oder Australien.

Nur in Russland, wo das Russisch Brot vermeintlich eine Nationalspeise sein müsste, kann keiner so recht etwas mit den essbaren lateinischen Buchstaben anfangen. Dabei beruft sich der Hersteller, die Dresdner Dr. Quendt Backwaren GmbH, sehr wohl auf die Genussfreudigkeit und den Erfindungsreichtum altrussischer Ahnen.

»Bukwui«, also »Buchstaben«, so hat die Süßspeise im Zarenreich einst geheißen, berichtet es der Dresdner Süßwarenunternehmer Dr. Hartmut Quendt. In seiner Chronik ist nachzulesen, dass ein Dresdner Bäckergeselle um 1844 das Rezept von der Walz mitbrachte. Seine Ausbildungsreise hatte den angehenden Handwerker Ferdinand Wilhelm Hanke (1818 bis 1880) nach Sankt Petersburg gebracht. Auf dem dortigen Newskij-Prospekt lernte Hanke die Köstlichkeit kennen und schätzen. An jener Stelle besaß Hanke sogar für kurze Zeit eine eigene Backstube. Zurück in der Residenzstadt Dresden, eröffnete der geschäftstüchtige Bäcker eine »Deutsche & Russische

Bäckerei« und verkaufte dort von Beginn an sein
Russisch Brot. Dies geschah wohl mit gutem Erfolg
bei Einheimischen und Zugereisten, denn in der
Elbestadt des 19. Jahrhunderts hatten die Russen
durchaus einen guten Ruf – und das aus einer poli-
tischen Tradition heraus. Zar Peter I. (1672 bis 1725)
war mehrfach in Dresden gewesen und hatte Auf-
träge für neue Kunstwerke vergeben. Der russische
Fürst Nikolaus Abromowitsch Putjatin, ein studier-
ter Architekt und eigenwilliger Zeitgenosse, liebte
das milde Klima des Elbtals ebenso wie die Kunst-
schätze und das reiche Kulturangebot. Er lebte ab
1797 auf seinem Landgut in Kleinzschachwitz bei
Dresden. Bis in unsere Tage erinnert zudem die wun-
derschöne russische Zwiebelturmkirche von 1874,
erbaut nahe dem Dresdner Hauptbahnhof, an die
1861 gegründete russisch-orthodoxe Gemeinde mit
seinerzeit 600 Mitgliedern. Der Begriff »Russisch«
klang in den Ohren der meisten Menschen des
19. Jahrhunderts nach tiefer Seele, sagenhafter Weite
und geheimnisvoller Mystik.

Brot für die Welt

Als erstes Dresdner Großunternehmen
buken die Mitarbeiter der Firma Gebrüder Hörmann Russisch Brot. Die Firma verschickte
es in alle Welt, darunter Russisch Brot in den drei
Sorten als »hochfeines Buchstabengebäck«, als
»Geduldsplätzchen« – mit einer farbigen Glasur –

101

und als Russisch Brot »mit reiner Schokolade überzogen«. Die Waffelfabrik der Gebrüder Hörmann war 1895 an der Liliengasse in der Dresdner Altstadt gegründet worden und hatte sich zunächst auf Lebkuchen und Honigkuchen sowie Konditoreiwaren spezialisiert. Gegen 1897 bauten die Brüder ihre Fabrik am neuen Standort in Mickten aus, das 1903 nach Dresden eingemeindet wurde. Eine der größten Waffelbäckereien Deutschlands wuchs dort heran. Geblieben sind aus dieser längst vergangenen Zeit die Erinnerungen an Alpenstern-Waffeln, Albert-Kekse, Mozartstäbchen, Mandarinen mit Baiserfüllung, Liliputküsse mit Schokolade, Knackmandeln, Steinpilze mit Schokoladenhäubchen und Türkenbomber – und außerdem das Dresdner Russisch Brot. Es wurde auch in den Jahrzehnten der DDR hergestellt, einige Zeit im VEB Rubro. Die Abkürzung »Rubro« stand für Russisch Brot. Der promovierte Lebensmitteltechniker Hartmut Quendt ersann mit einem Team kurz vor Ende der DDR eine neue Russisch-Brot-Maschine, die er in den Wendewirren vor der Verschrottung rettete und später in seiner eigenen Firma aufbaute.

Zu Ehren des Zaren

Dr. Quendt räumt ein, dass das beliebte Backwerk neben der russischen auch eine österreichische Wurzel haben könnte. Zu Ehren einiger Gesandter des Zaren am Wiener Hof soll das Gebäck im 19. Jahrhundert erstmals gebacken worden sein. Es bildete die liebevolle Verknüpfung des alten russischen Brauchs, Gästen ein Stück Brot zu reichen, mit der zuckersüßen Vorliebe der Wiener. Russisch Brot wird daher in Österreich ebenso geschätzt wie in Dresden, Sachsen und Deutschland. Es ist dort im Alpenland als Patience-Bäckerei bekannt und schmückt nicht selten den Weihnachtsbaum zu Heiligabend, dann meist nicht als Buchstaben geformt, sondern als geschlossener Kringel oder in Herzform. Die Dresdner exportieren zu diesem Zweck ihr Russisch Brot sogar ins deutschsprachige Nachbarland, was auf die international geachtete Qualität des sächsischen Produkts schließen lässt.

Anno Domino

Dor Herbert und ich, mir hatten ja keene Kinder.
Na ja – und jetzt wärs ooch e bissel späte für mich!
Aber mir zwee Turteltäubchen, dor Herbert und ich,
mir warn ja anno domino oft selber wie zwee Kinds-
köpfe. Was mir zum Beispiel gespielt ham, damals,
in den Fuffzscher Jahren: Halma, Dame, Mau-Mau,
Mensch ärgere Dich nicht, Schiffe versenken – und
ooch sehr gerne mal een gepflegtes Domino. Und
passend dadorzu gabs zur Weihnachtszeit immer
eene Bonbonniere mit Dominosteinen, ich meene
diese köstliche Not- und Volkspraline vom Wendler
aus Dresden! Göttlich schmeckte die!

Aber die jungen Leute von heute verstehen
ja statt Domino nur noch Domina! Pfui Teufel!
Lassen Se sich das mal off dor Zunge zergehen,
es gebe künftig keene Domino-Steine mehr –
sondern nur noch Domina-Steine! Eene Domina,
das hab ich neulich in dor Zeitung gelesen, das ist ja
een herrschsüchtiges Weibsbild, das seine männliche
Kundschaft mit dor knallenden Peitsche willkom-
men heeßt. Und e Domina-Stein, das wäre dann
sozusagen een steinhartes Folterfutter, das so eene
krachlederne Domina in ihrem Keller dem unter-

Ilse quarkt rein

würfigen Herrn lustvoll off-
zwingt. Da könnte die dann in
dor Zeitung Reklame machen mit
dem Spruch: Domina empfängt dich
gern – mit Zuckerbrot und Peitsche!
Wie Männer off so was Lust haben können! Ich werde es nie verstehen.

Ein Mann möchte doch Liebe und Verständnis,
Wärme und e ordentliches Abendbrot von seiner
Gattin! So wie es mein Herbert von mir damals …
Na ja, obwohl, ich habe den ooch nachts gerne
mal mit meim Nudelholz begrüßt, wenn der stern-
hagelvoll von dor Feuerwehrübung nach Hause
gekrochen kam! Wenn ich mir's recht überlege:
Vielleicht hat dem das sogar gefallen, so oft, wie der
in dem bemitleidenswerten Zustand off allen Vieren
vor der Türe um Einlass winselte! Lassen wir das
lieber! Über Tote nur Gutes! Ruhe sanft, Herbert!
Es reicht, wenn'se in Hamburg eene Straße nach
Dir benannt ham! Zeit heilt alle Wunden – und den
Domina-Stein wird's hoffentlich niemals in dor
Koofhalle geben. Höchstens off dor Herbertstraße –
eene Praline, mit feinem Leder ummantelt!

Kapitel VII

Wer hat's erfunden? Die Sachsen!

»Speise der Götter«
nannten die uralten
Kulturvölker Amerikas
die Kakao-Bohne.
Was den Olmeken, Mayas
oder Tolteken
mundete, schmeckte
Jahrhunderte später
auch den Europäern.
In der Barockzeit trank
man bereits leidenschaftlich
gern Schokolade.
Sie war der süße Luxus
des betuchten Adels.

Dresden war Mitte und ausgangs des
19. Jahrhunderts vom Gründungsfieber
erfasst. Die neuartige und schnelle Transportmög-
lichkeit mit der Eisenbahn, welche ab 1839 die
Residenzstadt mit Leipzig verband und ab 1847
auch ins schlesische Görlitz dampfte, zog unter-
nehmungslustige Handwerker und handwerklich
orientierte Unternehmer von überall her an. Die in
der Stadt lebenden Beamten, Künstler und Wissenschaftler erwiesen sich als anspruchsvolle Kunden.
In der kulinarischen Tradition des barocken Zeit-
alters, in dem Italiener und Franzosen die Dresdner
Küche und Zuckerbäckerei verfeinern halfen und
nachhaltig inspirierten, sahen sich die Gaumenspe-
zialisten an diesem Teil der Elbe gut aufgehoben.

Die erste Zuckersiederei verdankten die
Dresdner dem Unternehmer Heinrich Conrad
Wilhelm Calberla (1774 bis 1836), einem Mann aus
dem Raum um Braunschweig. Der Drechslergeselle
kam mit Anfang zwanzig nach Dresden und verdiente durch finanzielle Spekulationen einiges Geld.
Unter Aufwendung dieses Vermögens gründete
Calberla 1817 die Zuckerraffinerie neben dem
Italienischen Dörfchen, unmittelbar an der Elbe
und mitten in der Stadt. Etwa 30 Mitarbeiter verar-
beiteten 8 000 Zentner Rohzucker in einem Jahr.
Calberlas Zuckersiederei war die erste in Sachsen,
als Produktionsstätte gehörte sie damals noch zu
den ganz wenigen Industriebetrieben in Dresden.

Ein eigens für die Elbflussfahrt gebautes Dampf-
frachtschiff erleichterte dem Unternehmer die

Belieferung und den Vertrieb. Das war eine der
Voraussetzungen für die Stärkung Dresdens als süßes
Herz in der Mitte Europas. Im Jahr 1823 hoben
Gottfried Heinrich Christoph Jordan (1791 bis 1860)
und Friedrich Timaeus (1794 bis 1875) eine Schoko-
ladenfabrik aus der Taufe, die erste in Deutschland
und unter dem Namen »Chokolade- und Cicho-
rienfabrik« geführt. Das Firmenareal in Dresden-
Neustadt, zwischen Königsbrücker und Alaunstraße,
bildete den Anfang einer sich dort ausweitenden
Süßwarenindustrie. Unweit davon gründete Richard
Selbmann um 1877 seine Schokoladenfabrik.

Hansi und die Schokolade

Im weiter entfernten Lockwitzgrund
stellte Otto Rüger seine Süßigkeiten
her. Dessen berühmte Werbefigur hieß Hansi, ein
adretter Schuljunge mit weißer Kappe, weißem
Hemd, blauen Kniebundhosen, dunklen Knie-
strümpfen und braunen Lederschuhen, der auf
dem Rücken einen Rucksack voller Schokolade
trägt. Die Firmen Petzold & Aulhorn sowie
Hartwig & Vogel (»Tell-Schokolade«), des weiteren
Riedel & Engelmann (»Schwerter Schokolade«)
sorgten mit all ihren Mitbewerben dafür, dass
Dresden zur Wende ins 20. Jahrhundert den ersten
Rang in der deutschen Kakao verarbeitenden In-
dustrie einnahm. Etwa 4000 Menschen gab dieses
Gewerbe um 1915 die tägliche Arbeit.

109

Kriege, die Zerstörung der Stadt im Februar 1945, später die sozialistische Plan- und Mangelwirtschaft und letztlich der Übergang zur Marktwirtschaft hinterließen in Dresden kaum mehr als historische Schokoladen-Spuren. An den VEB Elbflorenz aus DDR-Zeiten gibt es nur noch nostalgische Erinnerungen mit musealen Reliquien wie Verpackungen und sozialistischen Werbeversuchen. Unter dem Stichwort »Schokoladenindustrie« muss das Stadtlexikon Dresden denn auch vorerst abschließend feststellen: »ehemals traditionsreicher Dresdner Industriezweig«. Hoffnungsschimmer und vor allem gewerblicher Produzent traditioneller Dresdner Süßwaren bleibt denn vor allem die Dr. Quendt Backwaren GmbH, die sich Ende der 1990er-Jahre auch als Retter der süßen Dominosteine erwies.

Die sächsische Volkspraline

Der Dresdner Dominostein hat nichts mit dem hölzernen Spielstein zu tun, auch äußerlich erinnert er mehr an einen kleinen Würfel mit Schokoladenmantel. Erfunden hat dieses Kleingebäck aus würzigem Lebkuchenteig, Marzipanschicht und fruchtigem Kirschgelee der Dresdner Chocolatier und Pralinenmacher Herbert Wendler (1912 bis 1998). Der Mann lernte sein Handwerk zunächst bei einer der großen Dresdner Schokoladenfabriken und gründete im Jahr 1933, als 21-jähriger, eine eigene Pralinenmanufaktur an der Dresdner Rosenstraße. Später, nach dem Krieg, produzierte Wendler seine Köstlichkeiten im alten Ballsaal von Dresden-Klotzsche.

Der Dominostein ist Wendlers Variante einer Volkspraline. Die echte, kunstvolle Praline als luxuriöses Naschwerk, so die Idee des professionellen Feinschmeckers, sollte durch erschwingliche Zutaten und eine raffinierte Komposition auch der breiten Masse das Leben versüßen. Um 1936 glückte ihm die Schichtpraline, die bald den Namen Dominostein bekam. Pulsnitzer Pfefferküchler, deutsche Zuckerbäcker und Chocolatiers standen mit ihren jahrhundertealten Erfahrungen Pate.

In den armen Jahren nach dem Zweiten Weltkrieg erwies sich die »Notpraline« als echter Renner, der sie dank Quendts Übernahme des Wendlerschen Unternehmens 1998 bis in unsere Tage geblieben ist. Wie von alters her schichtet Quendt auf den würzigen Lebkuchenboden eine Lage Sauerkirschgelee, worüber eine dünne Decke mildes Marzipan gezogen wird. Die in kleine Quader geschnittenen Gebäckstücke werden abschließend mit feinster Zartbitterschokolade überzogen. Die unaufdringliche fruchtige Süße verdankt der Dominostein seinem speziellen Kirschgelee mit der leichten Bittermandel-Note, so Dr. Quendt. Die Früchte dafür wachsen in einem streng überwachten Obstanbaugebiet im Norden Deutschlands. Für die Marzipan-Rohmasse wird nur wenig Zucker verwendet, die Mandeln stammen aus Spanien und Kalifornien.

Friede, Freude,
Pflaumenkuchen

Es gab Zeiten, als dor Konsum um de Ecke sonnabends
um elfe dichtemachte – und dann war Ruhe fürs
ganze Wochenende! Keen Laden hatte mehr off, und
an dor Minol-Tankstelle gabs Benzin-Gemisch und
Öl, aber keene Lebensmittel! Die kluge Hausfrau
musste sich also bevorraten, denn anderthalb Tage ohne
Eenkoof galt's zu überbrücken. Ich habe für meinen
Herbert jahrelang Bier und Goldkrone rangewuchtet,
damit der nich unruhig wurde übers Wochenende.
Der brauchte immer mal eene kleene Zündkerze für
sein Nervenkostüm. Und wenn sich am Wochenende
Besuch ankündigen tat, dann mussten für de Bäbe oder
für een Blechkuchen entsprechende Zutaten einge-
holt werden. Besuch kündigte sich nicht etwa per
Telefon an. Der aus dor Ferne anreisende Gast schrieb
entweder eene Postkarte oder stand urplötzlich Sonn-
tagnachmittag vor dor Türe. Jetzt passierte Folgendes,
es war in dor Spätsommerzeit Mitte dor 70er-Jahre:
Eene Großcousine vom Herbert, de Bärbel aus Berlin,
die hatte sich zum Sonntagskaffee angemeldet, mit
ihrem seinerzeitigen Galan – Bernd, so hieß der, gloobe
ich. Ich wollte een Obstkuchen backen und hatte aus
dor Koofhalle alles rangebuckelt: Mehl, Hefe, Zucker,
Butter, Margarine. Die Pflaumen hatte mir de Opitzen
aus ihrem kleen Schrebergarten mitgebracht. Ich
sollte ihr dadorfür zwee Stückel vom ferdschen Backwerk vorbeibringen. Sonntagvormittag hatte ich den
Teig ins Blech gedrückt, belegt und noch eene Weile

Ilse quarkt rein

in'n kühlen Hausflur gestellt, weil ich die Backröhre nochemal ausgewischt habe. Und jetzt: Ich gehe ins Treppenhaus, will den Kuchen reinholen – ich dachte, ich sterbe: Alle Pflaumen warn weg-gefressen, und vom Teig war ooch nur noch een winziger Rest zu sehen. Über mir hörte ich den Köter vom Koslowski knurren, da war mir klar, wer mir das Wochenende versaut hatte! Das war keen Hund, das war e bellendes Mastschwein! Und in vier Stunden würden de Bärbel und dor Bernd bimmeln – und off dor Kaffeetafel nur e paar Hansa-Kekse aus dor Notreserve? Nee, unmög-lich! Da war guter Rat teuer! Eingeweckte Pflaumen? Im Kellerregal standen nur noch Erdbeeren! Beim Suchen stoße ich off die Weihnachtskiste. Oben raus lugen drei kleine Weihnachtsmänner. Ich ruppe den Weihnachtskarton off – drunter liegen zwölf Toffel-figuren vom Striezelmarkt. Ich kriegte die ja immer geschenkt über de Jahre. Jetzt köppte und entleibte ich die Pflaumenmänner, legte die Trockenfrüchte eene Stunde in warmes Wasser. Der neue Teig war schnell gemacht, die Zutaten hatten grade noch ge-reicht. Pflaumen droff, Streusel ooch – und ab in de Röhre! De Bärbel und dor Bernd kamen, ditschten den Kuchen oft in ihre Kaffeetasse – aber die verzo-gen keene Miene. Nur die zwee Stückel Pflaumen-kuchen für de Opitzen – die warn keene so gute Idee. Jedenfalls habe ich nie wieder von der ihrer Ernte ooch nur eene eenzsche Eierpflaume abbekommen!

113

Kapitel VIII

Meißner Fummel und Toffel aus Pflaumen

Zum Anbeißen, voller süßer Geheimnisse und doch eher traditionsreicher Schmuck als Naschwerk: Das sind die Gemeinsamkeiten von Meißner Fummel und Dresdner Pflaumentoffel. Die Fummel ist noch zerbrechlicher als Meissener Porzellan. Viel solider steht der Pflaumentoffel auf seinem Sockel. Die essbare Figur erblickte um etwa 1800 das Licht der Dresdner Weihnachtswelt.

Ein Blick zurück, in die glanzvolle Geschichte Sachsens, jene Zeit des barocken Kurfürsten August der Starke (1670 bis 1733). Vom Dresdner Residenzschloss bis zur Meißner Albrechtsburg sind es nur ein paar Dutzend Meilen. Ein Katzensprung im Vergleich mit der Strecke nach Leipzig oder gar mit der zu den polnischen Machtzentren des Königs, Krakau und Warschau. Zudem verbindet Dresden und Meißen die langsam dahinfließende Elbe, auf der zahlreiche Schiffe stromauf- oder stromabwärts schippern. Doch schneller als die Kähne und Segler sind die berittenen Boten. Drei oder vier Stunden mag solch ein Kurier auf dem Landweg durch die breiten Flussauen brauchen. Wenn der Reiter mit einem flotten Ross unterwegs ist, galoppiert und keine unnötigen Pausen einlegt, geht es noch geschwinder, manchmal in weniger als der Hälfte der Zeit.

Spätestens seit der Porzellan-Macher Böttger in Augusts Auftrag auf der Meißner Albrechtsburg die Königlich-Polnische-Kurfürstlich-Sächsische Manufaktur für das Weiße Gold aufbaut, werden regelmäßig am Tag Nachrichten zwischen dem Dresdner Hof und der Burg übermittelt. Die Meldekuriere haben viel zu tun. Aber in die sächsische Geschichte drohen diese wichtigen Boten als wenig fleißig einzugehen, dafür als außerordentlich trink- und feierfreudig. Der Meißner Wein und die Meißner Frauen sind bei den Reitern sehr beliebt, und vor ihrem Ritt zum Residenzschloss von Dresden trinken manche in den Armen der Liebsten so viel vom Rebensaft, dass sie die kurze Strecke nicht mehr in

116

einem Stück schaffen. Mitunter muss der Kurier im Dorf Gauernitz vom hohen Ross absteigen, ein Schläfchen oder ein weiteres Schäferstündchen einlegen, um der leiblichen Lust zu folgen. Oder der Reiter schlummert schon auf seinem Gaul ein und muss sich blind auf den Orientierungssinn des nüchtern dahintrottenden Tieres verlassen.

Die Unpünktlichkeiten häufen sich. Der Ruf der kurfürstlich-königlichen Kuriere gerät in Gefahr. Und August der Starke muss sich eine List einfallen lassen, um seine Uniformierten wieder auf Trab zu bringen. Der Monarch sinnt nach, und mit dem ihm eigenen Witz weiß der Dresdner Fürst bald Abhilfe zu schaffen. Dieser originellen Idee verdanken die Meißner ein Gebäck, das bis heute Meißner Fummel genannt wird.

Konditoren müssen es auf Geheiß ihres Kurfürsten aus einem dünnen Teig backen. Wie eine große Glocke verschließt die zerbrechliche Hülle nichts als Meißner Luft. Schon eine kurze derbe Erschütterung können eine Meißner Fummel zum Reißen, Bröckeln oder gar zum Einsturz bringen. Der Befehl des Kurfürsten ist daher schlicht: Ab 1710 bekommen alle Meldereiter vorsichtig eine Meißner Fummel in die Hand, und während ihres Rittes aus der Domstadt nach Dresden darf ihnen nunmehr kein Missgeschick mehr passieren. Saufereien sind gänzlich unmöglich. Ein aus der Hand gefallenes, zerbrochenes Gebäck würde jeden Kurier verraten und ihn einer harten Strafe aussetzen. So lautet die Legende. Meißner Fummeln gibt es heutzutage bei der Bäckerei Zieger in Meißen zu kaufen, deren Verkäufer augenzwinkernd mit der alten Tradition und der Kurfürsten-Geschichte werben. Der süße, knusprige, hauchdünne Teig wird nach einem Geheimrezept aus einer Teigmasse mit Eiweiß und Zucker hergestellt und geschickt in seine voluminöse Glockenform gebracht:

> *Der Bäcker nimmt 'nen Batzen Luft,*
> *bläst bissel Teig drum rum;*
> *schon zieht der Fummel würz'ger Duft*
> *ins liebe Publikum.*

Wer die Fummel in Meißen kauft, sollte sich stets vergewissern, dass der Teig heil ist. Erst dann kann die Probe aufs Exempel auch fair beginnen: Jeder wird versuchen seine Fummel ohne Schaden nach Hause zu bringen – wie einst die Kuriere des Königs.

★

Der Pflaumentoffel hingegen ist ein echtes Kind des Volkes. Figuren aus getrockneten Früchten haben in Deutschland und Österreich eine Tradition. Sie heißen in Bayern und dessen Hauptstadt die Münchner Zwetschgenmanderln oder in Franken Nürnberger Zwetschgermännla. Die Österreicher kennen Zwetschgenkrampusse, der Berliner weiß um die Rosinenfiguren. Der Dresdner huldigt in der Weih-nachtszeit seinem Pflaumentoffel, der diesen Namen aber wohl erst Ende des 19. Jahrhunderts erhielt. Davor nannte das Volk sie Pflaumenfeuerrüpel oder

Pflaumenrüpel und Pflaumenruprechte. Grimms
»Deutsches Wörterbuch« von 1889 verzeichnet das
Stichwort Pflaumentoffel bereits. 1911 schreibt Karl
Müller-Fraureuth in seinem »Wörterbuch der ober-
sächsischen und erzgebirgischen Mundarten« zum
Feuerrüpel: »Früher ohne alle spöttische Bedeutung,
ging der Feuerrüpel auf die vom Essenkehrer auf
die nur aus Rosinen und Pflaumen gefertigte Weih-
nachtsware über (Leipzig), in Dresden war dafür
Pflaumentoffel üblicher, Pflaumenmännchen,
Pflaumenfeuerrüpel mit steifen Beinen und Armen,
rosigen Gesichtern und kleinen hölzernen Leitern.«

Im Tagebuch Philipp Otto Runges ist zu Weihnachten 1801 vermerkt: „Gestern habe ich also mit
einem anderen von unseren Wirtsleuten einen Baum
aus dem großen Garten zu verschaffen gewußt:
Leuchtermanschetten, ein Buch Schaumgold und
ein Wachsstock neben einigen Männchen aus Backpflaumen und Rosinen und einem Hampelmann,
was läßt sich da nicht alles machen.«

Tatsächlich zeigen die Pflaumenmännchen
Vertreter aus der Zunft der Essenkehrer. Seit dem
17. Jahrhundert, vor fast 400 Jahren, bedienten sich
die sächsischen Kaminfeger schmalwüchsiger Jungen
im zarten Alter von zehn, manchmal erst sieben
oder acht Jahren für eine schier unglaubliche Arbeit.
Johann Georg I. erlaubte die Kinderarbeit ausdrück-
lich in seiner Bestallungsurkunde von 1635, wonach
sich die Schlotfeger von Dresden »einen Jungen,
welcher die engen und hohen Feuer-Essen durch-
kriechen kann, uff ihre Kosten« halten durften. Die

schmächtigen Bürschlein, die oft ihre Eltern verloren hatten und nun Waisenkinder waren, mussten durch die engen und teils hohen Schornsteine kriechen und sie so vom Ruß befreien. Eine kleine Leiter erleichterte den Einstieg von unten in den Eingang des finsteren Kaminschachts. Der Reisigbesen diente zum Putzen. Über dem Kopf trugen die Essenkehrer eine schwarze Kapuze, deren Verlängerung als Umhang bis über die Schultern reichte – so wie es bei den Pflaumenmännchen heute noch zu sehen ist. Der schmutzigen Arbeit zum Trotz galten Essenkehrer und ihre minderjährigen Kaminfeger als Glücksbringer. Das ist wohl der tiefere Grund, warum sie als Vorlage für die essbare Weihnachtsfigur genommen werden. Erst 1877 war Schluss mit den echten Kinderschlotfegern. Eine Verfügung erlaubte die Ausbildung erst ab 14 Jahren.

Oft suchten arme Menschen ihr Glück in den symbolisierten Toffeln: Bis zum Beginn der Weihnachtszeit fertigten sie die Männlein aus trockenen Pflaumen, Holz, Draht, Ästen und Papier, um sie für ein paar Pfennige zu verkaufen. Der Zeichner und Maler Ludwig Richter verewigte um 1853 auf einem seiner berühmten regionalen Motive zwei frierende Kinder, die auf dem »Christmarkt in Dresden« vier Pflaumenrüpel anbieten. Auf dem kleinen, einfachen Holztisch steht ein Schild: »Ausverkauf wegen Geschäftsaufgabe«. Den Heimatschriftsteller Kurt Arnold Findeisen (1883 bis 1963) inspirierte das Bild zu einem Gedicht über die Pflaumenfiguren und deren arme Verkäufer:

»Ausverkauf wegen Geschäftsaufgabe?
Hui, hier heißt es: Mach' geschwind!
Na, was kost't so'n schwarzer Knabe?«
»'n Dreier, weil's die letzten sind!«

»Sapperlot, 'nen ganzen Dreier
für so'n lump'gen Feuerrüpel?
Nein, das ist mir doch zu teuer;
Ihr macht Preise, nehmt's nicht übel!«

»Oho, uns're Pflaumentoffel
sind die schönsten von der Welt.
Ich, die Mali, er, der Stoffel,
hab'n sie selber aufgestellt.

Unsre Mutter heißt Frau Schanzen,
Pirn'sche Gasse linkerhand.
Unsre Firma ist beim ganzen
Dresdner Striezelmarkt bekannt!«

»Donnerwetter! So'n Bewenden
hätt ich mir nicht träumen lassen:
Her mit allen Restbeständen,
hier ist Kasse, hier ist Kasse!«

Tatsächlich erbarmten sich die reichen Dresdner oft
der armen Kinder. König Johann (1801 bis 1873)
bekam Jahr um Jahr ein riesiges Exemplar aus der
Feuerrüpelschar als Geschenk. Unter Johanns
Nachfolger König Albert (1828 bis 1902) heißt es:
»Auch in den letzten Jahren ist der Christmarkt

mehrmals von Gliedern unseres Königshauses besucht worden, so namentlich von der Königin Carola, die am 23. Dezember 1883 den zahlreichen, feilbietenden jugendlichen Verkäufern ihre gesamten Vorräte an Feuerrüpeln und Wattemännern abkaufte.« Als »Mutter der Armen« wurde Sachsens letzte, selbst kinderlose Königin vom Volk geliebt und verehrt.

Solche Begebenheiten im Hinterkopf, gewann der Schriftsteller und Lessingpreisträger Findeisen den Pflaumentoffeln und dem berühmten Dresdner Weihnachtsmarkt noch andere heitere Geschichten in Reimform ab. »Striezelkinder« heißt eine weitere:

Pflaumentoffel! Hampelmänner!
Neuen Christbaumschmuck für Kenner!
Schaumgold! Eistau! Wunderkerzen!
Frische Pfefferkurchenherzen!
Liebe Leute, kauft doch was!

Stehn seit Mittag auf der Straße,
leer der Magen, kalt die Nase;
dabei zieht's in allen Ecken,
Striezelmarkt ist kein Zuckerschlecken!
Liebe Leute, kauft doch was!

Pflaumentoffel!!
Hampelmänner!!!
Eistau!!!!

Der berühmte Kreuzkantor Rudolf Mauersberger (1889 bis 1971) vertonte dieses Werk und nahm es in den »Dresdner Weihnachtszyklus« auf. Die Kruzianer sangen von den Pflaumentoffeln bei Auftritten in der ganzen Welt.

Die Geburt des Pflaumentoffels

Eine Legende zur Geburt der Pflaumen-männchen spielt in der Zeit Napoleons. Weil ihr Mann vom Russlandfeldzug nicht heimge-kehrt war, konnte eine arme Wäscherin keine Miete mehr an ihren Hauswirt bezahlen. Sie fürchtete, dass ihr bald gekündigt würde. Da kam der Zufall ins Spiel. Beim Spielen hatten die Kinder der Wäsche-rin liegen gebliebene Backpflaumen aus Spaß und Freude auf dünne Stäbchen gespießt. So war ein Männlein daraus geworden. Die Mutter ergänzte die Figur noch um eine kleine Leiter und um einen schwarzen Zylinder, als kleine Anspielung auf den Hauseigentümer, der ein Schornsteinfegermeister war. Zusammen mit den Kindern aus der Nachbar-schaft fertigte die Witwe fortan ihre Feuerrüpel, die auf dem Striezelmarkt sehr gefragt waren und ge-kauft wurden. Ob es so war? Ein anderer schreibt um 1946 über die Entstehung des Pflaumentoffels, er sei als Geschenkidee entstanden. Eine Häusler-familie im oberen Bergland war so arm, dass sie den Kindern kein rechtes Geschenk zu Weihnachten machen konnte. Dem Vater gelang beim Grübeln und Hantieren ein Pflaumenmännchen, dessen Kopf aus einer Walnussschale bestand. Mit Tuch darauf und einem Besen für die rechte Hand entstand so der Pflaumentoffel als lustige Weihnachtspuppe für die Kinder. Gemeinsam bauten sie weitere Toffel, verkauften diese auf dem Markt und konnten sich ein gutes Weihnachtsfest leisten. Auch andere Häusler hielten die Figur für verkaufsträchtig und besserten so ihr kärgliches Einkommen auf.

Unter dem schwarzen Zylinder oder der Kaminfegerkapuze des Toffels steckt entweder eine Walnussschale als Kopf oder ein Wachskügelchen, manchmal auch eine Porzellanmurmel oder ein Kopf aus Stoff oder Watte, Pappe oder Pappmaché. Der Gesichtsausdruck variiert zwischen grimmig, niedlich und liebenswürdig – je nach Kunstfertigkeit des Pflaumentoffelherstellers. Die Backpflaumen sind freilich das Wichtigste, elf der Früchte reichen schon, um zu einem guten Ergebnis zu kommen. Obwohl die Toffel oder Rüpel vernascht werden können, passiert das aber wohl recht selten. »Diese Feuerrüpel mit den weit gespreizten Armen, die eine Leiter hatten, meist zu schön, um verspeist zu werden, zu kunstvoll, um ihnen die Glieder zu brechen«, schrieb die Dresdner Schriftstellerin Lenelies Pause um 1938: »Also dazu bestimmt, in den Vitrinen oder unterm Glassturz ehrbar zu verschrumpeln. Möchten wir denn diesen köstlich nützlich-unnützen Rüpel missen, der nicht Näscherei und nicht Zierrat, mehr ist als beides: Ein trotzig unartiges Weihnachtsgeistchen in Person.«

Pflaumentoffel bereichern den Striezelmarkt bis heute. Es gibt sie in der kleinen Form als Glücksbringer, der zwischen dem Advents- und Weihnachtsschmuck aufgestellt werden kann – oder als überlebensgroße Werbefiguren, die für die süßen Verlockungen der Weihnachtszeit Reklame machen.

Sächsisches Winter-Idyll

Wenn dr Schneeschdorm draußen dobt,
daß mr manchmal färmlich gloobt:
Nu, jetzt schtärzt dr Himmel ein,
isses sieß drheem zu zwein.

Uffn Sofa sitzt mr dann,
guckt sich recht gefiehlvoll an,
schmiert ee Bämmchen nachn andern
un läßt's nein in Magen wandern.

In dr Ofenrehre schmorn
Äbbel Saft aus allen Boorn.
Wie das bruzelt, wie das zischt!
Nee, da drieber naus gibt's nischt.

Lieblich wärzt dr Gaffeeduft
schon de ganze Wohnungsluft.
Ja, da freit sich's Sachsenhärz!
Mag's ooch schnein bis dief in'n März.

Lene Voigt

Was dor Bauer nicht kennt ...

Freiberg ist immer eene Reise wert! Unsre sächs'sche Silber- und Mineralienstadt bietet aber nicht nur Steinhartes, sondern ooch Butterweiches, und ich meene dadormit nich nur die Freiberger Eierschegge. Glohm Se nich? Dann gucken Se mal bei dor Konditorei Hartmann in dor Peterstraße rein: Dort gibt's een Hasen, den sogar de Vegetarier aller Länder vereint und ohne Reue verschnabulieren dürfen – een Tierchen ohne e Fitzelchen Fleisch! Was dor Bauer ni kennt, frisst er ni. Aber hier hat een Bauer ausnahmsweise mal etwas Neues ausprobiert! Neulich hab ich mit meiner Freundin Trudel aus Hetzdorf im Café Hartmann gesessen – da hat mir dor Hausherr die Story vom fleischlosen Hasen erzählt – was mir da gelacht ham! Also, passen Se uff: Friedrich dor Gebissene kam als späterer Markgraf von Meißen ooch gerne mal nach Freiberg. Dort hatte unser gebissener Fritz een guten Freund und Tischkumpan – den Kaplan von St. Marien. Nu hockten die am Faschingsdienstag zusammen, dor Wein und das Freiberger Bier flossen, zwischendurch gab's immer mal een Happen zu futtern, Rebhuhn, Reh, Wildschwein – und kurz vor Mitternacht sollte dor Koch, een gewisser Herr Bauer, noch Hasenbraten offtun! Dem Kaplan war aber Gottes Gebot heilig – und das hieß, dass am Aschermittwoch alles vorbei ist, besonders das Fleischgemampfe! Nu gab da een Wort das andere,

Ilse quarkt rein

dor Markgraf meente, man könne
doch mal een Hühnerooche zu-
drücken, und dor Kaplan bekreu-
zigte sich wie wilde und betete zum
Himmel, dass keener das sündige Ge-
schwätz vom Markgrafen hören möge. Dor
Koch namens Bauer verdrückte sich derweile in
seine Brutzelstube und dachte für sich: Es wäre doch
gelacht, wenn ich nicht beiden Wünschen gerecht
werden könnte! Er knetete mit Glockenschlag um
zwölfe een mittelschweren Hefeteig, mehrte ne Hand-
voll Rosinen rein, formte dadordraus eenen Feldha-
sen mit großen Löffeln und kleener Blume, spickte den
falschen Hasen anstelle mit Speck mit paar Mandeln,
und dann: ab damit in den Backofen! Dor Aschermittwoch hatte grade begonnen – und schon gab's
dampfenden Hasen für unsern Friedrich und seinen
frommen Freund. Dor Markgraf taufte das Gebäck
zu Ehren seines gewitzten Küchenmeisters auf den
Namen »Bauerhase«! Genauso war das damals – oder
ooch ganz anders. Manche erzählen sich, dass die Bau-
ern aus den Dörfern um Freiberg herum den Teig-
hasen erfunden hätten – weil sie ni off de Jagd gehen durften und dennoch mal een Meister Lampe
in dor Röhre schmoren sehen wollten. Meine Trudel und ich, wir ham uns unsern Freiberger Bauer-
hasen jedenfalls schmecken lassen – wer ooch immer
in dor Welt die Leckerei offem Gewissen hat.

Kapitel IX

Ilses Eierlikör

Allerorten schwärmt sie von ihrem geliebten Taschenwärmer, den der Körper so gern annimmt: Ilse Bähnerts selbst gemachter Eierlikör ist Legende und Lebenselixier zugleich. Bislang blieb der Öffentlichkeit das Familienrezept verwehrt. Streng hütet es die Witwe im Briefumschlag hinter dem wohnzimmerlichen Bilderrahmen mit Herberts Foto. Erstmals verrät Frau Bähnert, was ihren Eierlikör so einmalig macht.

Sonnige Sonntage

Nur an Sonntagen, die dem Namen Ehre machen, also tatsächlich nur an Sonntagen, an denen die Sonne scheint, gibt sich Ilse Bähnert dem Ritual der Eierlikörzubereitung hin. Die Wohnung unterm Dach muss aufgeräumt und sauber sein, die Küche sowieso. Dann werden die Zutaten wie nach einem siegreichen Beutezug auf dem Tisch unterm Fenster aufgereiht.

Ihre Einholungen für den Likör erledigt Ilse, mit Blick auf den Wetterbericht, einen Tag vorher, am Sonnabendvormittag. Auch wenn mittlerweile die Läden bis nachts geöffnet haben: Ilse bleibt ihrer alten Tradition treu. Morgens halb zehn: die Pfand-flaschen der Woche wegbringen, dann die Lebens-mittel fürs Wochenende kaufen – und, wenn es die Sterne für gut befinden, auch die Eierlikör-Ingredienzien.

»Bein Eiern müssen es natürlich originale Bio-Eier sein: Bodenhaltung, aus Sachsen, Größe L, durchleuchtet und schön oval, eben wie een echter Eierkopp!«, gibt Ilse Bähnert kund. »Ich kontrolliere beim Kauf dor Packung jedes einzelne Hühner-produkt. Meine Hand für mein Produkt, also, ich meene: für mein Eierlikör!«

Eine Zehnerpackung Bio-Eier, aus sächsischer Herkunft. Dann eine Vanilleschote. »Natürlich nicht aus sächsischer Herkunft«, lacht Frau Bähnert: »Da-für muss die abor fair gehandelt sein, die Schote! Ich will ja nicht, dass für mein liebevolles Lieblings-

likörgetränk andere off dor Welt Dresche kriegen,
Gott bewahre! Nee, nee, da gebe ich gern mal ein,
zwei Euro mehr aus!«

Außerdem stehen auf Ilses selbst verfasstem
Einkaufszettel: Puderzucker, Kaffeesahne (zwölf
Prozent) und natürlich – eene Buddel Doppelkorn!

Die Krone des Likörs

»Dor Korn setzt dem Likör förmlich erst
de Krone off!«, stellt Ilse aus langer Erfahrung fest: »Ich habe es mit Wodka, mit Primasprit,
mit Rum und sogar mit Whisky probiert, meinen
Eierlikör zu fertigen – abor nur mit eenem Echten
Nordhäuser kommt hinten raus, was vorne droffsteht:
Ilses Eierlikör! Dafür müssen wir den Thüringern
ooch eenmal Danke sagen. Heeßt ja immer so schön:
Ooch een Thüringer erfindet mal een Korn!«

Mit penibelster Sorgfalt schlägt Ilse die Eier auf,
trennt behutsam wie eine Amme das Eigelb ab, gibt
die zehn Dotter in eine irdene Schüssel. Darauf
streut sie einen Teelöffel Rohrzucker und schabt
ein paar feinste Flocken aus der Vanilleschote in den
Grundstoff.

»So schmeckts viel feiner, als wenn ich den
Industrieplunder aus dor Tüte nehme«, meint Ilse
Bähnert: »Vanille aus dor Schote und Rohrzucker
ergeben erst den allerfeinsten Likörgeschmack!«

Ilse nimmt ihren Schneebesen zur Hand, fünfzig
Jahre alt, aber aufs Beste erhalten und stabil wie für

den Weltuntergang gemacht. Sie rührt, so kräftig,
wie es ihr Alter zulässt. Unter die schaumige Masse
rührt sie den Puderzucker.

»Ab diesem Moment schmecke ich mein Quali-
tätsprodukt ab und zu ab!«, merkt Frau Bähnert an:
»Es wäre schlimm, wenn die Eierbrühe zu süße
würde. So – jetzt kippe ich die Sahne zu, Schluck
für Schluck – und rühren!«

Der Russe in Ilse

Die sonntägliche Vormittagssonne fällt
durchs Küchenfenster und lässt das Eigelb
strahlen wie einen märchenhaften Stern. Mit geüb-
tem Griff öffnet die Seniorin die Flasche Doppelkorn, prüft riechend die alkoholische Konzentration.

»Oh ja«, sie hustet: »Dor Russe in mir drinne
sagt: Een gutes Stöffchen!« Die Hälfte aus der
Schnapsflasche gießt sie zu den Eiern und zur
Milch. Dann hebt sie die Schüssel in ein heißes
Wasserbad auf dem Herd – behutsam rührt sie den
nach Alkohol und Eiern und Zucker und Sahne
riechenden Sud um, der langsam wärmer und
immer dickflüssiger wird.

»Abor da muss ich offpassen wie een Schießhund:
Kochen darf die Brühe off keen Fall! Nur heeß
werden!« Ilse leckt sich konzentriert über die Lippen.

Längst vorbereitet stehen auf der Anrichte
gründlich ausgespülte Schraubverschlussflaschen.
Ilse steckt ein Trichterchen in die Öffnung und lässt

den noch warmen Eierlikör hineinlaufen – und lässt nach oben noch etwas Luft, um später vielleicht ein Schlückchen Korn nachgießen zu können, falls der Likör zu dick gerät. Zwei Flaschen füllt sie ab. Dann klebt sie das handgeschriebene Etikett drauf: »Ilses Eierlikör«.

»Haltbarkeitsdauer? Ich würde sagen: zwee Wochen! Dann ist dadorvon keen Tropfen mehr übrig!« Ilse lacht vergnügt. Und gönnt sich nach einer Stunde Abkühlzeit einen ersten Schluck zum Probieren.

»Dadorfür nehme ich natürlich eenen Schokowaffelbecher, gluckse so een ordentlichen Schluck Alkohol rein – und, zum Wohl!« Sie kippt den Becher, schmeckt und schluckt: »Ooooch, das macht müde Mädels munter!« Zufrieden knuspert Frau Bähnert den Likörbecher auf. Solche Sonntage liebt sie über alles!

Dr Algohol

In Maßen dut dr Algohol
dn allermeerschten Leiten wohl.
Doch wer sei Seifchen iwerdreibt,
nich ohne beese Folchen bleibt.

Ganz winzche Schwibbse sin erdrächlich.
Besoffenheit blamiert unsäächlich.
Was mancher da schon angerichtet,
hat de Garriäre glatt vernichtet.

Hamm ringsum alle ooch 'nen Affen,
wärd geener uff sein Nachbar gaffen.
Doch sin ganz Nichterne noch drunter,
dann rutscht mr in dr Achtung nunter.

Drum will dr Mensch ä Fläschchen gibben,
dann mußrsch heeme solo nibben.
Da merktrsch nachhär bloß alleene,
wenn bletzlich wacklich wärn de Beene.

Lene Voigt

Rezept für
Ilses Eierlikör

Zutaten

10 Eigelb von frischen
sächsischen Bioeiern,
250 g Staubzucker,
400 ml Kaffeesahne (12 %),
Vanilleschote, 400–500 ml
Nordhäuser Doppelkorn

Zubereitung

Mit dem Schneebesen Eigelb
und Zucker und etwas Vanil-
lemark schaumig schlagen,
behutsam den Staubzucker
unterrühren. Die Kaffeesahne
hinzugießen, weiter rühren.

Jetzt kommt der alkoholische
Teil: je nach Vorliebe
400–500 ml Nordhäuser
Doppelkorn unterrühren.

Die Schüssel mit dem
Eierlikör in ein Wasserbad
stellen (Topf in Topf). Die
Likörmasse langsam erhitzen,
aber keinesfalls zum Sieden
bringen. Nach ein paar Minuten den warmen Likör in heiß
ausgespülte Schraubverschluss-
Flaschen füllen, abkühlen
lassen. Gegebenfalls nach
dem Erkalten noch Sahne
oder Korn hinzu geben, falls
der Likör zu fest geraten ist!

Die Autoren

Tom Pauls

Wer alles über die Sachsen wissen möchte, der muss Tom Pauls erleben. Der Schauspieler und Kabarettist lebt mit seiner Familie in Dresden, geboren wurde er 1959 in Leipzig, sang ab seinem siebten Lebensjahr im Rundfunkkinderchor. Zeitig wurde sein schauspielerisches Talent entdeckt, und so gab es für ihn nur einen Weg. Er studierte von 1979 bis 1983 an der Theaterhochschule Leipzig und verdiente sich nebenbei mit seiner ersten Band Geld fürs Studium. Die beste Entscheidung für ihn und das Publikum. Denn seit er auf der Bühne steht, wächst seine Fangemeinde täglich. Sein Repertoire reicht heute, um den Spielplan eines guten Stadttheaters zu füllen.

Noch während des Studiums gründete der Schauspieler das legendäre Zwingertrio, erfand 1991 mit den »Sächsischen Variationen« die Figur der Ilse Bähnert, jener lustigen Witwe aus Sachsen, die inzwischen Kultstatus erreicht hat. Mehr zu Tom Pauls: www.tom-pauls-theater.de

Mario Süßenguth

Jahrgang 1970, stammt aus dem Vogtland. Nach seinem Volontariat von 1991 bis 1993 arbeitete er bis 1997 als Redakteur für eine in Sachsen, Thüringen und Franken erscheinende Tageszeitung des Süddeutschen Verlages. Seither lebt Mario Süßenguth als freier Hörfunkjournalist, Hörbuchproduzent, Fernseh- und Buchautor in Dresden. Er schreibt und berichtet u. a. für den Deutschlandfunk, für den Norddeutschen Rundfunk und vor allem für den Mitteldeutschen Rundfunk.